TED BUNDY, EL ASESINO CARISMÁTICO

Los Escalofriantes Actos de uno de los Asesinos Seriales más Famosos de la Historia

JACK MAXWELL

© Copyright 2022 – Jack Maxwell - Todos los derechos reservados.

Este documento está orientado a proporcionar información exacta y confiable con respecto al tema tratado. La publicación se vende con la idea de que el editor no tiene la obligación de prestar servicios oficialmente autorizados o de otro modo calificados. Si es necesario un consejo legal o profesional, se debe consultar con un individuo practicado en la profesión.

- Tomado de una Declaración de Principios que fue aceptada y aprobada por unanimidad por un Comité del Colegio de Abogados de Estados Unidos y un Comité de Editores y Asociaciones.

De ninguna manera es legal reproducir, duplicar o transmitir cualquier parte de este documento en forma electrónica o impresa. La grabación de esta publicación está estrictamente prohibida y no se permite el almacenamiento de este documento a menos que cuente con el permiso por escrito del editor. Todos los derechos reservados.

La información provista en este documento es considerada veraz y coherente, en el sentido de que cualquier responsabilidad, en términos de falta de atención o de otro tipo, por el uso o abuso de cualquier política, proceso o dirección contenida en el mismo, es responsabilidad absoluta y exclusiva del lector receptor. Bajo ninguna circunstancia se responsabilizará legalmente al editor por cualquier reparación, daño o pérdida monetaria como consecuencia de la información contenida en este documento, ya sea directa o indirectamente.

Los autores respectivos poseen todos los derechos de autor que no pertenecen al editor.

La información contenida en este documento se ofrece únicamente con fines informativos, y es universal como tal. La presentación de la información se realiza sin contrato y sin ningún tipo de garantía endosada.

El uso de marcas comerciales en este documento carece de consentimiento, y la publicación de la marca comercial no tiene ni el permiso ni el respaldo del propietario de la misma. Todas las marcas comerciales dentro de este libro se usan solo para fines de aclaración y pertenecen a sus propietarios, quienes no están relacionados con este documento.

Índice

Introducción — vii

1. La psicopatía — 1
2. Los primeros años de Ted Bundy — 53
3. Universidad y vida profesional — 59
4. Proceso y patrones: Modus Operandi de Ted Bundy — 63
5. Línea de tiempo de las victimas — 69
6. Patología y análisis psiquiátrico — 105
7. La vida en la matanza — 109
8. El principio del fin: Los arrestos iniciales de Bundy — 117
9. Su propio juez, jurado y verdugo — 127
10. Ejecución — 143
    Conclusión — 149

Introducción

Theodore Robert Bundy es el asesino en serie más conocido de la historia de Estados Unidos. Autodefinido como "el hijo del mal más despiadado que jamás se haya conocido", su racha de asesinatos violentos se extendió durante dos décadas y afectó a las vidas de miles de personas, tanto de las víctimas como de sus amigos y familiares.

Tras su nacimiento en Vermont, Bundy se trasladó con su madre al estado de Washington, presumiblemente con la impresión de que era su hermana. A una infancia aparentemente sin sobresaltos le siguieron unos años universitarios tumultuosos y unas relaciones sentimentales carentes de compromiso.

Su primer amor universitario serio rompió con él tras determinar que carecía de la madurez y el compromiso con la vida profesional que le harían compatible con sus estándares de pareja. Tras reavivar esta relación, Bundy se vengó poniendo fin repentinamente a toda interacción y, poco después, comenzó a desatar su furia contra las jóvenes de la región. Pudo cometer un número tan elevado de homicidios durante tanto tiempo debido a una serie de razones. Era pulcro, educado y bien vestido, criterios que no coincidían con los que eran el ideal de estos depredadores según las autoridades policiales de la época. Bundy era considerado por sus víctimas como guapo y carismático, lo que aprovechaba para acercarse a ellas. Fingía tanto heridas como su identidad para persuadirlas de que accedieran a sus peticiones de ayuda o cooperación.

Tras dominarlas y secuestrarlas, las agredía sexualmente y las asesinaba en lugares secundarios, volviendo posteriormente a mantener relaciones sexuales con sus cadáveres y a vestirlas y acicalarlas según su voluntad. Decapitó a varias víctimas y guardó sus cabezas en su casa durante semanas. Sus asesinatos evolucionaron, pasando de estar motivados por la rabia a ser rituales, ya que llegó a apreciar el control que ejercía sobre sus víctimas. Tras su detención inicial en Utah, la carrera de Bundy como sospechoso escurridizo llegó a su fin.

Introducción

Su coche contenía pruebas sospechosas que hicieron que los investigadores buscaran pruebas vinculadas a otros crímenes. Poco después de su condena y encarcelamiento en Utah, fue acusado de asesinato en una matanza en Colorado.

Tras una fuga y posterior recaptura, fue condenado por asesinato en Colorado y logró una segunda fuga de mayor duración, durante la cual cometió sus tres últimos asesinatos en Florida, donde recibió la pena de muerte y murió en la silla eléctrica en 1989.

En este escrito, hablaremos sobre información necesaria para la comprensión y el adentramiento a las conductas de Ted Bundy como psicópata, daremos ejemplos de otros individuos con conductas parecidas (mas no iguales) que los llevan a cometer actos atroces, se mencionará parte del proceso por el cual pasan los psicópatas una vez capturados. De igual manera, al final se concluirá intentando dar a entender el por qué de las cosas tal y como son y como se podrían llegar a erradicar, aunque resulte ser casi imposible para nuestra generación.

Pero mas que nada, se hará hincapié en la conducta de Ted Bundy, en sus victimas y los sucesos acontecidos con respecto a ellas.

1

La psicopatía

LA PSICOPATÍA REPRESENTA un cuadro clínico clasificado como un trastorno de personalidad, que incluye un conjunto de rasgos de naturaleza interpersonal, afectiva, conductual (estilo de vida) y antisocial. En el ámbito interpersonal, los psicópatas se caracterizan por poseer encanto superficial, narcisismo o grandioso sentido de la autoestima, mentir de manera patológica y emplear con maestría la manipulación y el engaño. Por lo que respecta a la faceta afectiva, destaca la falta de sentimientos de culpa, la ausencia de empatía y las emociones superficiales, junto con la incapacidad de responsabilizarse de los actos cometidos. En la faceta de la conducta o del estilo de vida predomina la irresponsabilidad en el cumplimiento de las obligaciones, la búsqueda de excitación, la impulsividad, la falta de metas realistas y un ánimo de vivir a costa de los demás (vida parásita).

Finalmente, en la faceta antisocial, los psicópatas muestran una notable falta de autocontrol, problemas precoces de conducta, delincuencia juvenil, una amplia versatilidad delictiva y el quebrantamiento frecuente de las condiciones de la libertad vigilada o condicional.

Los psicópatas que presentan un historial criminal ya desde jóvenes son los más activos, los que cometen delitos más graves, los más versátiles. De entre los delincuentes conocidos por la policía y la justicia, éstos son los que tienen mayor riesgo de reincidencia, los que peor funcionan en los programas de tratamiento. Muchas veces su comportamiento desafiante aparece incluso mientras cumplen pena de prisión, al generar numerosos conflictos con los otros presos y con los funcionarios.

Estos psicópatas identificados como tales son muy impulsivos, abusan generalmente del alcohol y de las drogas, y prolongan su carrera delictiva más allá de los cuarenta años. Dejan de delinquir al ser demasiado viejos para el crimen, o cuando las drogas les dejan hechos polvo, o bien, si tienen suerte, porque algún familiar o institución les permiten algún retiro donde la violencia ya no les aporta gran cosa.

Anglés, el asesino desaparecido de las niñas de Alcácer, es un buen ejemplo, así como Pedro Jiménez, que mató a dos jóvenes policías en prácticas aprovechando un permiso del que disfrutaba cuando ya estaba terminando su condena.

Los psicópatas «integrados» son otra cosa. Estos individuos tienen un mejor control de los impulsos, planifican más, y cuando al fin deciden delinquir tienen muy claro que merece la pena correr los riesgos con tal de lograr sus propósitos. Puede ser dinero, propiedades, librarse de alguien incómodo, vengarse de un agravio… Nadie se espera esa violencia porque no tienen antecedentes penales (o al menos éstos no son por delitos graves), trabajan y muchas veces tienen una familia. Sin embargo, el núcleo de la personalidad de ambos es el mismo: falta de empatía, emociones superficiales, profundo egocentrismo, acentuado narcisismo… Las diferencias radican en que el psicópata criminal (no integrado) ha ejercido el delito desde joven, probablemente porque sus ansias hedonistas, su deseo de gratificación inmediata y su impulsividad y deseo de vivir situaciones límites le llevaron muy pronto a quebrantar las leyes y a explotar a los demás. Los psicópatas integrados manipulan mejor, tienen menos necesidad de vivir al filo de la navaja y han tenido el suficiente autocontrol como para llegar a adultos respetando las leyes.

Muchos psicópatas integrados —la mayoría— no son delincuentes, por más que su compañía sea fuente de dolor para quienes les rodean. Pero algunos, por razones que aún no se conocen, explotan con un gran acto de violencia en edad ya bien adulta, por una razón claramente precisa en sus mentes, generalmente buscando algo: dinero, sexo, mayor autonomía y poder… Si esa explosión violenta exige la muerte sucesiva de varias personas estamos frente a un asesino en serie, como es el caso del celador de Olot o de Remedios Sánchez, por citar los dos últimos casos de asesinos en serie aparecidos en España y, por cierto, ambos en Cataluña. En contra de lo que la gente cree, no tienen por qué ser particularmente inteligentes: basta con que sean discretos y adopten unas mínimas precauciones; en el fondo cuentan con la ventaja de que la gente normal no espera que nadie mate ancianas en un geriátrico o en sus casas aprovechando que se les invita a tomar café.

En resumen, los estudios sobre psicopatía describen a una persona que es egocéntrica y motivada por obtener sólo sus propios intereses, utilizando a la gente como un medio para conseguir sus fines, sin remordimiento alguno por actuar así ya que carece de empatía. Este tipo de trastorno de personalidad tiene una entidad propia, y a través de las culturas y del tiempo se han realizado investigaciones que revelan su presencia en la humanidad desde tiempos inmemoriales.

De lo dicho hasta ahora se entiende que la psicopatía es una condición estrechamente unida con la violencia, y en particular con los crímenes violentos. Ahora bien, ¿qué tipo de violencia es la más susceptible de ser empleada por los psicópatas? Una distinción tradicional en criminología relacionada con la violencia es la que separa la violencia reactiva de la violencia proactiva o instrumental.

La violencia instrumental se refiere a la que se emplea como medio para conseguir otra meta, como venganza, dinero o control de la víctima para abusar de ella (por ejemplo, en términos sexuales). En cambio, la violencia reactiva se ejerce como respuesta a una amenaza percibida o una provocación (en inglés se denomina *hot violence*, mientras que la violencia proactiva se designa como *cool violence*). Se ha señalado que esta distinción —aunque cuenta con detractores, habida cuenta que los sujetos pueden incurrir en una u otra de acuerdo con la situación— puede ser de utilidad en diferentes sectores de la criminología aplicada como el perfil criminológico, el tratamiento de delincuentes violentos y la predicción del riesgo de reincidencia.

La investigación actual señala que, si bien los psicópatas incurren en ambos tipos de violencia, sus rasgos de personalidad y de comportamiento los orientan especialmente hacia la violencia proactiva o instrumental, es decir, hacia una agresión premeditada o «fría», dado que el deseo de explotar a los otros, emparejado con la falta de empatía por lo que les puede ocurrir, les permitiría planear con antelación esquemas de engaño y de manipulación con los que conseguir sus deshonestos propósitos.

Y ¿quiénes son los criminales con mayor capacidad de actuar de forma depredadora o premeditada, sin que importen el dolor y el sufrimiento de la víctima? El asesino en serie es el candidato ideal: la persona que mata a dos o más en diferentes momentos temporales, en una discontinuidad anímica que hace que los hechos sean independientes, es decir, que del crimen primero se derive un tiempo de vida normal o integrada que se romperá cada vez que vuelva a matar.

Etapas en el desarrollo del perfil criminológico

A pesar de que podemos encontrar antecedentes del perfil criminológico antes del siglo XX, lo cierto es que en la actualidad hay consenso en distinguir a lo largo del pasado siglo al menos tres etapas en el desarrollo de esta especialidad forense, con una cuarta que se dibuja en estos momentos con rasgos distintivos. Veamos cada una de ellas.

Primera etapa: el diagnóstico clínico

Aparece en los años cincuenta y fue protagonizada por médicos psiquiatras y psicoanalistas, quienes elaboraron el perfil a partir de los conocimientos obtenidos en la evaluación psicopatológica. El proceso consistía en definir un tipo de personalidad y una categoría (diagnóstico) psicopatológica que encajara con los hechos del crimen tal y como los interpretaba el evaluador. Una vez realizado ese psicodiagnóstico, se pasaba a describir las cualidades de personalidad y de estilo de vida que se derivaban de los rasgos que describían los tipos seleccionados.

El ejemplo más representativo de esta etapa lo protagonizó el Dr. Brussel, quien realizó un perfil sorprendentemente exacto de George Metesky, conocido como «mad bomber», el «bombardero loco», quien entre 1940 y 1960 puso al menos 37 bombas en estaciones de trenes y en cines y teatros de la ciudad de Nueva York, en protesta por lo que él creía un injusto despido que sufrió por parte de la compañía General Electric.

Brussel determinó que, entre otras características, el sospechoso era un varón eslavo, católico-romano, vivía en Connecticut, padecía de paranoia, tenía conocimientos de electricidad, metalurgia y fontanería, tenía una buena educación, era soltero (posiblemente virgen) y —lo que más conmocionó al público de la época— vestía un traje cruzado de tres piezas, con chaleco abotonado. Cuando finalmente George Metesky fue capturado en 1957, se comprobó que el perfil había sido extraordinariamente preciso.

Otro caso en el que fue requerido el apoyo de los perfiladores fue el del Estrangulador de Boston, quien entre 1962 y 1964 mató a trece mujeres en esa ciudad. Para este suceso, sin embargo, se optó por crear un equipo de perfiladores, compuesto por un psiquiatra, un ginecólogo, un antropólogo y otros profesionales. La conclusión de este peculiar comité fue que los asesinatos sexuales eran obra de dos delincuentes diferentes, debido a que había dos grupos de mujeres claramente diferenciadas: uno compuesto de mujeres jóvenes y otro de mujeres más mayores, y al hecho de que ambos tipos de víctimas parecían relacionarse con diferentes necesidades psicológicas expresadas en los crímenes.

Un autor relevante en la bibliografía sobre perfil criminológico, Brent Turvey, refleja muy bien la perspectiva médica-psicoanalista que define esta primera etapa en el desarrollo de esta disciplina:

El comité opinó que las mujeres mayores estaban siendo estranguladas y asesinadas por un hombre que fue criado por una madre seductora y dominante, que él era incapaz de expresar el odio que sentía hacia ella y que, como resultado, desplazaba esa ira hacia otras mujeres. El sospechoso vivía solo, y si fuera capaz de imponerse sobre su madre dominante, no tendría problemas para expresar amor como una persona normal. También opinaba el comité que el asesino de las mujeres jóvenes era un hombre homosexual, probablemente alguien conocido de las víctimas.

Segunda etapa: la Unidad de Ciencias de la Conducta del FBI

El éxito extraordinario y la fama que obtuvo el caso de mad bomber estimularon el interés de los policías adscritos al Federal Bureau of Investigation (FBI) por aplicar los conocimientos de la psicología y la criminología a sus tareas de investigación criminal. Es con ellos que se inicia la aplicación del perfil criminológico como una disciplina forense relevante en casos de asesinos en serie, pronto expandida también a delincuentes sexuales multirreincidentes.

. . .

De hecho, hasta finales de los años noventa no empezó a extenderse a otros dominios de la delincuencia, principalmente a través de los investigadores de la Universidad de Liverpool, si bien los perfiladores del FBI también se ocuparon de los delitos de incendio intencionado.

En esta segunda etapa es cuando el perfil criminológico de los asesinos en serie alcanza una gran repercusión en toda la sociedad. Si bien el FBI empezó a publicar artículos en revistas científicas a partir de los años ochenta del pasado siglo, su visibilidad masiva tuvo que esperar hasta el fenómeno mediático de la película de 1994 El silencio de los corderos, basada en una novela previa de Thomas Harris. Pero no sólo el público se quedó fascinado con los asesinos en serie y los policías que lo combaten, sino que también los académicos de pronto empezaron a ocuparse de esta peculiar disciplina forense, a caballo entre la psicología y la criminología. Como escriben los criminalistas Verde y Nurra: «Pronto capturó la fascinación del público el monstruo, tal y como se describía en algunas de las películas y series de televisión más populares, un ser que no podía inscribirse en los tópicos habituales de la criminología; en la mente del público, el monstruo llegaba a constituirse en un símbolo de la maldad pura, una representación de la creciente inseguridad de una sociedad que temía a un miedo indefinido, y casi de modo simultáneo surgió la imagen de su cazador: el perfilador».

Los perfiladores del FBI desarrollaron el «análisis de la escena del crimen» —que posteriormente denominaron criminal investigative analysis— cuya empresa constituyó el primer intento sistemático para utilizar toda la información existente sobre un crimen en combinación con el conocimiento y la experiencia obtenidos por los agentes del FBI, con el objetivo de realizar inferencias o deducciones acerca de la personalidad y de los aspectos sociodemográficos de un asesino desconocido. John Douglas y su grupo señalaron que la técnica del perfil criminológico se adquiere a través de la «lluvia de ideas», la intuición y unas conjeturas bien fundamentadas: «La pericia de los perfiladores es el resultado de años de sabiduría acumulada, de una amplia experiencia sobre el terreno y de su familiaridad con un gran número de casos». En otras palabras, el método empleado por los perfiladores del FBI se servía del conocimiento tácito o intuitivo y del conocimiento de la evidencia que, como expertos, habían acumulado a lo largo de sus carreras profesionales.

Posteriormente, este modelo de trabajo individual se amplió hacia un plano más amplio al llevar a cabo, en lo que se llamó el Programa de Aprehensión de Criminales Violentos (VICAP por sus siglas en inglés), la construcción de bases de datos que relacionaban las características de las escenas del crimen con las características de los delincuentes.

De este modo, cuando se investigaba un delito, sus elementos distintivos podían compararse con los registros que existían en esa base de datos, lo que permitía conjeturar si ese nuevo delito formaba parte de una serie de un mismo criminal, o bien deducir las características del criminal en un nuevo caso sobre la base del estudio de su escena del crimen.

El ejemplo más afamado de ese modelo de trabajo es la división que realizaron entre las escenas del crimen «organizadas» y «desorganizadas» (si bien posteriormente añadieron una tercera categoría, la «mixta», cuando constataron que era raro encontrar escenas realmente puras que se correspondieran con una de las dos categorías), que a su vez daba pie a la división correspondiente entre asesinos en serie organizados y desorganizados. Los primeros, a grandes rasgos, se corresponderían con los psicópatas, mientras que los segundos serían los psicóticos.

. . .

Tercera etapa: la aproximación estadística

Esta etapa se desarrolló sobre todo a partir de la segunda parte de los años noventa del pasado siglo y tuvo dos focos principales.

En primer lugar, la escuela denominada «psicología de la investigación», en la Universidad de Liverpool, bajo la dirección del profesor David Canter, quien se interesó por este ámbito después de ser requerido por Scotland Yard para que les asistiera en la captura de un asesino y violador múltiple. El mismo Canter ayudó a desarrollar el segundo foco, el perfil geográfico, interesado en poder determinar el lugar de residencia de un criminal desconocido mediante el estudio geográfico de las escenas del crimen. No obstante, el perfil geográfico tuvo también un gran desarrollo en otros lugares, particularmente en Canadá, donde Kim Rossmo se reveló como un autor particularmente influyente en la creación de software para asistir a la policía en la ubicación del domicilio del autor desconocido de los delitos.

Tanto el desarrollo del profiling de la investigative psychology como el del perfil geográfico tuvieron en común el uso extensivo de los modelos matemáticos y otras aplicaciones cuantitativas para la elaboración del perfil. Así, Canter, acusando al FBI de «acientífico», señaló que el único modo de hacer ciencia consistía en seguir rigurosamente el método inductivo, lo que en la práctica exigía un estudio amplio de las muestras de los delincuentes y su conducta en los delitos reales antes de poder derivar perfiles probabilísticos en una nueva escena del crimen.

En efecto, Canter acusaba al método del FBI de inverificable, lleno de obsoletos términos psicodinámicos y de conjeturas tipo Sherlock Holmes. Un ejemplo claro fue su ataque a la tipología de asesinos organizados y desorganizados creada por algunos de los «grandes nombres» de la escuela del FBI, como Robert Ressler, Ann Burgess y John Douglas: después de revisar cien asesinatos seriales en Estados Unidos y de evaluarlos en treinta y nueve elementos diferentes, Canter y su grupo llegaron a la conclusión de que los aspectos desorganizados eran ciertamente muy infrecuentes y no permitían configurar un tipo independiente. Por otra parte, los autores examinaron el proceso que siguieron Ressler y sus colegas para desarrollar esa tipología (entrevistas individuales realizadas con treinta y nueve asesinos encarcelados en Estados

Unidos) y lo hallaron plagado de graves errores metodológicos.

La propuesta del grupo de Liverpool es desarrollar temas o «facetas» que definan diferentes modos de obrar de los delincuentes mediante el estudio estadístico de muchos delitos, de modo tal que las inferencias que se realicen en una investigación surjan del análisis empírico de muchos casos analizados en diferentes variables.

Cuarta etapa: el apoyo conductual para la investigación (BIA)

Esta última etapa está ahora en su proceso de nacimiento, y se manifiesta en que algunos países (como Alemania, Reino Unido u Holanda) buscan el apoyo de los psicólogos y criminólogos para diversas tareas en el ámbito de la prevención, gestión e investigación de un crimen, un modelo que pretende superar la imagen consolidada del perfil criminológico en los medios de comunicación y la cultura popular, tal y como se desarrolló en la Unidad de Ciencias del Comportamiento del FBI.

. . .

La explicación más completa de esta última metodología o etapa (que en inglés se expresa como behavioural investigative advice, o BIA) la proporcionan Alison y su grupo.

Se trata de un modelo interdisciplinar en el que «los conocimientos que los consultores conductuales de la investigación (behavioural investigative advisors) adquieren se construyen mientras realizan su tarea, trabajando estrechamente con los policías, un conocimiento que podemos definir como tácito».

Este tipo de conocimiento es el obstáculo principal con que se encuentran los académicos para obtener datos que puedan confirmar la validez y la utilidad de las aportaciones que el perfilador (o consultor) puede ofrecer a la policía, pues ha de apuntarse de inmediato que una de las metas de los cultivadores de la BIA es definir pruebas empíricas sólidas que puedan dar apoyo a contrastados principios de actuación en la realización de la investigación criminal, es decir, sumarse a la aproximación actual en criminología de «política basada en la evidencia», es decir, de promover actividades en la sociedad de política criminal cuya eficacia ha sido demostrada según criterios científicos. De las líneas anteriores se desprende la idea de que el perfilador de la BIA no se limita a derivar un perfil socio-psicológico a partir de los datos que puede obtener de la escena del crimen, sino que amplía su cometido a campos como:

- El establecimiento de prioridades en la búsqueda de sospechosos.
- La vinculación de diferentes delitos o escenas del crimen.
- El perfil geográfico.
- El proceso de interrogatorio de sospechosos o acusados.
- La evaluación del riesgo de los delincuentes en contextos clínicos.

En realidad, todas estas aplicaciones del perfil criminológico ya se venían realizando desde al menos los años noventa, y en algunos casos los viejos sabuesos del FBI incluso habían participado en su desarrollo, como Roy Hazelwood.

Por ello es justo decir que esta nueva etapa del perfil criminológico lo que hace es asumir con energía que todos estos ámbitos pueden ser más fructíferos para la criminología forense que el clásico de describir a un asesino o violador desconocido a partir del estudio de la escena del crimen (algo, por otra parte, que no rechazan estos autores, aunque no parecen sentirse cómodos en ese terreno).

Como toda «nueva corriente», los desarrollos que se pretenden inéditos se conforman sobre la base de depurar y definir procedimientos innovadores que descansan en la experiencia pasada, pero para ser justos he de conceder en su mérito un esfuerzo por sistematizar y comprobar la utilidad de las aportaciones de los perfiladores en el trabajo real, como nunca se había hecho hasta ahora. Un ejemplo de esta metodología —aunque reteniendo todavía elementos del perfil criminológico clásico— lo proporcionan Dern y su grupo, adscritos a la Policía Federal Alemana, donde el perfilador recibe el nombre de «analista conductual de la investigación» (o del caso).

Este análisis se describe en un documento interno de la policía alemana como «una herramienta para apoyar la investigación criminal en la comprensión de homicidios y delitos sexuales significativos, así como en otros casos relevantes, sobre la base de datos objetivos y la información más comprensiva que pueda obtenerse de la víctima, todo ello con el propósito de desarrollar indicaciones que hagan avanzar la investigación». El proceso concreto que sigue el analista es el siguiente:

- Reconstrucción del delito: análisis de cómo se realizó el delito, tomando en cuenta los aspectos situacionales del mismo.
- Evaluación de las características comportamentales del delincuente: descripción de la conducta delictiva como ha sido reconstruida (modus operandi), evaluación de los aspectos de la conducta no inherentes al delito (firma).
- Caracterización de las acciones del delincuente: grado de estructura, eficiencia de su conducta delictiva con respecto a sus fines.
- Evaluación del motivo: evaluación de un hipotético motivo inicial en comparación con el motivo hipotético del crimen analizado.
- Caracterización del delito actual: por ejemplo, determinar si el delito es espontáneo o planificado.
- Perfil del delincuente: edad del autor desconocido, antecedentes penales y perfil geográfico.

- Elaboración de nuevos caminos de investigación (pistas nuevas).

Como vemos, en este modelo de la policía alemana se retienen aspectos esenciales del perfil criminológico clásico (modus operandi y firma, motivo del delito, estructura del delito), pero al mismo tiempo el perfilador se integra en un equipo que procura no dar saltos en el vacío. Por ello, los autores afirman que «no es el perfil de la personalidad del delincuente el mayor interés de un analista del caso, sino la posibilidad de incrementar el valor de las actividades de la policía mediante la contribución a una comprensión más profunda del delito».

Problemas con el perfil criminológico

En la actualidad, el problema fundamental que tiene el profiling es el de constituirse en una disciplina con un método definido, aceptado por todos, que descanse en la «validez» de los procedimientos (esto es, que exista una lógica racional que establezca cómo proceder) y en la comprobación de la «utilidad» o eficacia de su aplicación (es decir, que pruebe de modo empírico que tal procedimiento provee resultados en las investigaciones reales).

Ésta es la razón por la que actualmente —véase el desarrollo del perfil criminológico en la cuarta etapa— los perfiladores se ufanan en evitar saltos deductivos o inferencias que pudieran parecer fantasiosas o poco acreditadas, al estilo de los insights o deducciones sorprendentes que hicieron famosos y éxitos de ventas los libros de los perfiladores del FBI, como El que lucha con monstruos, de Robert Ressler, o Mindhunter, de John Douglas. La dificultad fundamental que está detrás de la validez y eficacia de esta técnica o disciplina forense se relaciona con el problema de la consistencia. Existen dos tipos de consistencia:

La consistencia en el actuar criminal del sujeto en las diferentes escenas del crimen. Aquí el problema está en ser capaces de afirmar que un asesino o violador (o cualquier otro tipo de delincuente que actúe de modo serial) mostrará un patrón en todas esas escenas, de tal modo que podamos vincular esas escenas a un único autor. Este presupuesto es el que fundamenta el llamado «análisis de vinculación» (linkage analysis), que ya hemos presentado y que analizamos de forma más extensa en otro capítulo de este libro.

La consistencia o proyección de los atributos del criminal en su comportamiento en la escena del crimen. Éste es el punto más débil del método, el más difícil de realizar con veracidad, porque exige demostrar que la personalidad y el estilo de vida del sujeto, junto con otros atributos como la edad o el sexo, definen un conjunto de obsesiones y necesidades que se plasman necesariamente en sus actos criminales, es decir, en las huellas de comportamiento que deja en la escena del crimen.

Para determinar ambos tipos de consistencia resulta crucial el análisis del modus operandi, de la «firma» del delincuente y del perfil geográfico. Así —a modo de ejemplo—, podemos llegar a precisar que un asesino ha cometido cinco crímenes porque identificamos, a pesar de las variaciones o diferencias que apreciemos en cada una de ellas, un mismo modus operandi y una misma firma, y entendemos que su ubicación habitual estimada (residencia o lugar de trabajo) está dentro de los parámetros espaciales predichos. Pero, por otra parte, si llegamos a poder afirmar que —de nuevo como ejemplo— «el asesino debe tener experiencia delictiva dado que las conductas que vierte en las escenas son todas muy controladas y muestran una clara premeditación», entonces esta afirmación sólo será verdadera si hay una correspondencia (o consistencia) entre «tener experiencia delictiva» y «actuar de forma controlada y premeditada en la comisión del crimen». Esto es justamente lo que nos permite definir un perfil, nuestra convicción de que determinados asesinos (o violadores, incendiarios, etc.) se expresan de un modo peculiar en la escena del crimen.

La investigación, en la actualidad, muestra que, en efecto, los delincuentes tienen una consistencia más o menos importante cuando cometen sus delitos, lo que se ha comprobado en el caso de homicidas, violadores, incendiarios y ladrones de diferente tipo. Es decir, la primera de las hipótesis (la consistencia en la actividad criminal o la existencia de un patrón que se repite en los diferentes crímenes) cuenta con un importante apoyo empírico, si bien está lejos de ser perfecta.

Una razón importante de esta variabilidad comportamental de los sujetos en los diferentes crímenes es que los delincuentes cambian y evolucionan. Además, pueden reaccionar de formas diferentes si las víctimas o las circunstancias se han salido de lo normal o de lo esperado por el delincuente. Este elemento situacional o contextual y de aprendizaje es siempre una amenaza que debe considerar el perfilador, amenaza que afecta tanto a la hipótesis de la consistencia entre las escenas del crimen como a la hipótesis de la correspondencia entre los atributos socio-psicológicos del criminal y sus conductas en esos escenarios.

Verde y Nurra han definido el proceso por el que el perfilador realiza el paso del estudio de la escena del crimen a la descripción del delincuente desconocido como un proceso hipotético denominado de «abducción» (empleando una expresión descrita por el filósofo de la ciencia Charles Pierce), según el cual de los antecedentes o datos de que se dispone nunca se tiene la seguridad de que lo que se concluye sea cierto. Por ello, en su opinión, la veracidad de los hallazgos de los perfiladores siempre será una cuestión de probabilidad. Ellos plantean el siguiente ejemplo para ilustrar por qué el modelo de inferencia seguido en el perfil criminológico es el «abductivo» o probabilista:

. . .

Si el patrón de conducta X (modus operandi y firma) se ha observado en el crimen actual (Resultado)

Y muchos asesinos conocidos con el perfil psico-sociológico A han mostrado este patrón de conducta X en el pasado (Regla)

Entonces es posible que un asesino desconocido con el mismo perfil psico-sociológico A de los asesinos conocidos haya cometido el crimen actual (Inferencia abductiva aplicada al caso de la investigación).

Entonces, para estos autores, el tipo de razonamiento adoptado por los perfiladores mediante las inferencias abductivas se corresponde con una estructura narrativa en donde éstos «deben por consiguiente organizar la información dentro de un todo orgánico mediante su encaje dentro de una trama (plot) de acciones y eventos que no es sólo estructuralmente similar a una narración, sino que "es" una narración». Y más adelante señalan: «El perfilador, en su esfuerzo por comprender la conducta de un delincuente en la escena del crimen, recoge, evalúa y conecta diferentes conjuntos de datos, crea una narración, la cual nunca se podrá corresponder del todo a los hechos realmente acaecidos».

Ahora bien, digamos que el perfilador no necesita que su narración sea «completamente» cierta en relación con lo que realmente sucedió, sino que basta, para probar su utilidad o eficacia, que los hechos que suministre a la policía con su relato supongan un impulso en la dirección correcta hacia la resolución del caso, es decir, hasta la captura del delincuente desconocido.

El futuro del profiling en la investigación criminal

Es evidente que los perfiladores más modernos son conscientes del difícil salto que tienen que realizar para determinar las características del delincuente a partir de los datos de la escena del crimen, de ahí la urgencia por reclamar el mayor apoyo empírico posible en el que basar las deducciones (o «abducciones», siguiendo la terminología anteriormente señalada). Y como parte de ese rechazo a la inferencia fácil que se desprende de los perfiladores clásicos (la escuela del FBI), los investigadores actuales muestran una saludable reticencia a emplear como base de tales deducciones tipologías con dudoso aval, como Canter demostró en su crítica a la ya clásica división entre delincuentes «organizados» y «desorganizados»: «Los analistas de investigación son plenamente conscientes de la facilidad con que las tipologías llevan al error», ha escrito Dern. Ante esto, no cabe sino seguir procedimientos que, disponiendo del mayor conocimiento posible acerca del tema estudiado, permitan que las deducciones de los analistas se integren dentro de un equipo de investigación donde pueda decidirse cuál es el grado de validez con el que se formulan. Por ello se han creado protocolos de actuación dentro del modelo del BIA, que determinan cuáles son los pasos que resulta conveniente dar dentro de una investigación donde se busca a un criminal desconocido.

Pero a pesar de todo, es claro que el perfilador deberá tener una gran capacidad para «enfrentarse adecuadamente con las hipótesis y la incertidumbre», porque es obvio que siempre existe el peligro de que «una aproximación científica falsa o insuficientemente comprobada se introduzca dentro del trabajo práctico y posteriormente se perpetúe».

. . .

Sin embargo, ésta es la grandeza y al mismo tiempo la miseria del perfil criminológico moderno: el conocimiento científico —que en ciencias sociales determina patrones sobre lo general— no basta para asegurar que la deducción del investigador sea necesariamente cierta. Por ejemplo, que la gran mayoría de los violadores en serie tengan entre veinte y cuarenta años no garantiza que el violador que se persigue en un momento determinado tenga esa edad, o que el hecho de que el asesino que procede con enorme sadismo en dar muerte a mujeres de elevada extracción social haya de tener una pobre cualificación profesional y actuar por resentimiento, como podría derivarse de los estudios de casos. Esa falta de correspondencia entre los actos del criminal en la escena del crimen y sus atributos, su estilo de vida y sus cualidades se hace tanto más peligrosa cuanto más «alargada» sea esa inferencia, es decir, separada de lo que sabemos acerca de los hechos del delito; de ahí que en la actualidad los perfiladores se tienten la ropa antes de atreverse a plantear rasgos de personalidad (que requieren un elevado grado de inferencia) a partir del análisis de la escena del crimen.

Por otra parte, no debe olvidarse que la propia investigación criminal procede siempre con hipótesis provisionales, es decir, con el método abductivo, mediante el cual los policías realizan una inferencia a través de la cual «perciben las relaciones entre los hechos [en el curso de una investigación dada] mediante la selección de vínculos causales y/o analogías, formulando hipótesis para el desarrollo de la situación» (Verde y Nurra). Por consiguiente, nunca se puede tener la certeza absoluta de que una hipótesis va a ser necesariamente verdadera; se trata de «conjeturas» o hipótesis con un grado de probabilidad mayor o menor de ser ciertas. Siempre aparecerá como una sombra temible la posibilidad de que «esta vez», en la explicación de la serie de crímenes, los aspectos excepcionales o situacionales escondan una verdad que no fue prevista en la inferencia de investigación que impulsó el trabajo policial, dejándonos frustrados y desolados. Sin embargo, la técnica del perfil criminológico goza de buena salud: abundan los artículos y libros especializados, y progresivamente un mayor número de policías en el mundo están incorporando esta disciplina forense. Es verdad que todavía no se dispone de estudios empíricos que dejen claro cuál es su participación efectiva en la mejora del resultado de las investigaciones criminales, pero hace tan poco tiempo que se está empleando (en realidad poco más de veinte años) que podemos permitirnos ser pacientes. Al final del libro se presentan unos anexos que tienen por objeto facilitar a los perfiladores las preguntas que deben realizar.

. . .

Análisis de vinculación

El análisis de la escena del crimen, donde examinamos el modus operandi y la firma, nos permite adentrarnos en el corazón mismo del perfil criminológico. Es aquí donde tenemos que hacer realidad la lectura de los restos de comportamiento del asesino para poder establecer un perfil. En buena medida, el perfilador ha de ser capaz de adoptar la perspectiva intelectual de «ingenuidad» ante el hecho que se presenta en la escena del crimen. Esa ingenuidad significa, por encima de todo, que estamos abiertos a todas las posibilidades y que estamos dispuestos a acudir a donde las evidencias nos lleven. Esto se resume en una pregunta: «¿Por qué se ha cometido este crimen, en este lugar y momento, y con esta víctima?». Ésta es la pregunta que da inicio a todo, y mientras el forense se apresta a analizar a la víctima y la policía científica a rastrear las evidencias orgánicas e inorgánicas, nosotros, como perfiladores, buscaremos entender por qué —o para qué— el autor de esa acción violenta hizo lo que hizo, y para ello valoramos las decisiones que tomó.

. . .

Comprender el «para qué», su motivación última, es un proceso al que se llega estudiando la escena del crimen, el modus operandi y la firma, así como la victimología (en ocasiones, para abreviar, empleamos la expresión «escena del crimen» como palabra global que expresa el objeto de estudio del *profiling*).

Nos detenemos ahora en una de las grandes aplicaciones de la metodología del perfil: la que sirve para estudiar la posibilidad de que dos o más asesinatos estén vinculados o relacionados. Esta aplicación es de gran importancia porque, como luego se verá, la realización del perfil de un asesino en serie no puede llevarse a cabo si previamente no establecemos cuáles son los crímenes que presumiblemente pertenecen a la serie que atribuimos a un único autor. Al final del capítulo quiero hacerme eco de una cierta literatura que en los últimos años intenta devaluar el *profiling*, esgrimiendo, entre otras cosas, que no es posible definir un modus operandi o una firma para un agresor serial, ya que no son estables. Como espero demostrar en las páginas que preceden, tales críticas no se sostienen.

Vincular los crímenes

. . .

Hazelwood y Warren describen el análisis de la relación o vinculación entre crímenes (*linkage analysis*) como un tipo de análisis de conducta que es usado para determinar la posibilidad de que una serie de crímenes haya sido cometida por el mismo sujeto. Se lleva a cabo mediante la integración de varios aspectos del patrón de la actividad criminal del delincuente.

Tales aspectos incluyen el modus operandi, las conductas de ritual o expresivas de la fantasía del sujeto, y la firma o —según esta perspectiva— combinación única de conductas mostradas por éste en la comisión del crimen.

Para estos autores este proceso se realiza mediante los siguientes procedimientos de evaluación:

- Obtener datos de múltiples fuentes.
- Revisar los datos e identificar hechos significativos de cada crimen.
- Clasificar cada uno de esos hechos como propios bien del modus operandi, bien de los rituales/fantasías, o como pertenecientes a ambos.
- Comparar la combinación de hechos que

pertenecen al modus operandi y a los aspectos de ritual y fantasía a través de toda la serie de crímenes para determinar si existe una firma.
- Elaborar un informe escrito con los resultados.

Sin embargo, estos autores no incluyen otros aspectos valiosos de la conducta del criminal para la vinculación de las diferentes escenas del crimen, como son la victimología —el tipo y las características de la víctima, así como su posible significado simbólico— y la conducta espacial o «geográfica».

Diferentes autores, como Rossmo y Canter, se han ocupado con profusión de analizar el movimiento y el desplazamiento de asesinos y violadores para ejecutar sus planes y tratar de establecer su lugar de residencia o su «base» para la realización de los delitos. No obstante, es también posible emplear el perfil geográfico para vincular diferentes crímenes, como Robert Keppel viene señalando desde hace algunos años.

La posición de Robert Keppel sobre lo que constituye la firma del delincuente es una de las más aceptadas en la comunidad científica, y se concreta en lo siguiente: la firma es la parte de la escena del crimen que recoge la expresión de las fantasías del autor, es «el conjunto de acciones no necesarias para cometer el delito». En otro momento Keppel explica que el autor de la agresión se siente psicológicamente compelido a dejar dicha firma en la escena, como si se tratara de una impresión o huella, o de una «tarjeta de visita». Los ejemplos que proporciona de conductas que constituyen la firma incluyen los ítems del cuadro 1.

CUADRO 1. *Conductas de firma según Keppel.*

- Mutilación.
- Ensañamiento.
- Dejar mensajes.
- Dejar marcas profundas en el cadáver o grabar cosas en él.
- Posicionar el cuerpo de forma que transmita algo en particular.
- Actividad post mórtem.
- Obligar a la víctima a que responda o diga cosas en un sentido específico o adopte un rol determinado.

Con respecto al modus operandi, no parece haber

discrepancia entre Hazelwood y Keppel: Keppel define el modus operandi como «las conductas que permiten al delincuente cometer el crimen y escapar con éxito». Como vemos, las diferencias están en el concepto de lo que constituye la firma: mientras que para Hazelwood la firma es la combinación singular que se produce entre los aspectos del modus operandi y de los elementos expresivos (rituales y fantasías), para Keppel la firma excluye lo que sería característico del modus operandi.

Keppel realiza la vinculación de las diferentes escenas del crimen mediante un análisis comparativo de las firmas, lo que requiere el examen de las siguientes fuentes:

- Informes de la policía de la investigación inicial de la escena del crimen.
- Victimología.
- Diagrama de la escena del crimen.
- Informe de evidencias halladas (declaraciones de testigos y otras).
- Informe de los laboratorios de policía científica.
- Informe de la autopsia.
- Fotografías de la escena.

No obstante, esta diferencia, lo cierto es que el análisis de vinculación entre las diferentes escenas del crimen requiere del estudio tanto del modus operandi como de la firma. Mi opinión es que debemos seguir la posición de Keppel con respecto a la definición de lo que constituye la firma; opino que llamar «firma» del delincuente a la combinación del modus operandi con los elementos expresivos, es decir, los rituales y los que ilustran fantasías — que serían parte de la firma para Keppel— sería complicar las cosas, y uno de los atributos de una buena teoría es la simplicidad. Así pues, digamos que el análisis de vinculación entre escenas del crimen precisa tanto de la comparación entre los hechos de las diferentes escenas que son necesarios para cometer los crímenes (el modus operandi) como de aquellos que muestran o expresan las necesidades emocionales, rituales o fantasías del autor, aspectos éstos innecesarios para cometerlos (la firma).

Un análisis de vinculación puede tener varios usos dependiendo de la etapa del proceso de investigación en que se realice.

Así, en las fases iniciales puede emplearse como un informe preliminar dirigido a ayudar a los policías para que investiguen cuidadosamente los diferentes casos que se sospecha que pueden constituir una se ríe, así como para que consideren si podrían incluirse otros crímenes del pasado.

Cuando la investigación está más avanzada y se ha podido precisar mejor cuáles de las escenas del crimen se consideran parte de la misma serie, el análisis de vinculación tiene que formar la columna vertebral del perfil criminológico. ¿Por qué? Si el análisis de vinculación es erróneo, el modus operandi y la firma serán una construcción arbitraria, ya que definirán a un sujeto sobre la base de elementos que responden a asesinos (o violadores) diferentes. El modus operandi y la firma son absolutamente necesarios para dibujar el perfil de personalidad del autor.

Finalmente, en algunos estados de Norteamérica resulta permisible actuar como testigos peritos para informar al jurado de su opinión experta, consistente en afirmar que, en su opinión, diferentes crímenes muestran elementos de relación tales que, a partir de ahí, se puede establecer una vinculación entre ellos de tal modo que pueden entenderse como obra del mismo autor (otra cosa es llegar a afirmar que el sujeto acusado «es» el autor).

Psicópatas sexuales

. . .

El término «delincuente sexual» es, ante todo, un concepto popular (el que comete delitos sexuales) que es recogido por la legislación («delitos contra la libertad sexual»), pero en modo alguno recoge una categoría homogénea, ya que son muchos los tipos de delincuentes sexuales que existen. Es, naturalmente, imposible decir que un sujeto que realiza tocamientos en un autobús aprovechando la aglomeración tiene la misma psicología que un violador sádico o un homicida serial de mujeres.

Sin embargo, los casos que aparecen en los medios se corresponden con asuntos muy graves: homicidas de niños o psicópatas sexuales, y así, cuando se habla de la «amenaza del delincuente sexual» se deja de lado a la mayor parte de los sujetos que transgreden la ley por una motivación sexual y que, sin ninguna duda, no se corresponden con ese perfil tan extremo.

Ahora bien, no cabe duda de que vivimos en una época donde la sociedad pide una legislación muy dura contra los delincuentes sexuales, llevada por la indignación que producen los episodios de gran violencia y despliegue mediático: hace unos años el caso de Marc Dutroux sacudió a toda Bélgica, y en España tenemos bien reciente el asesinato de la pequeña Mari Luz y el doble crimen de las policías en prácticas de Barcelona a manos del violador reincidente Pedro Jiménez.

La respuesta ante esa reivindicación tiene distintos perfiles, según nos fijemos en Norteamérica, los países de lengua inglesa (Reino Unido, Australia, Sudáfrica) o la Europa continental. Mientras que en Estados Unidos ha triunfado una política muy represiva (lo que paradójicamente no excluye la existencia de programas de tratamiento especializados), exacerbada por la fuerza que allí tienen los movimientos de las víctimas, en la Europa continental ese mayor punitivismo ha sido atemperado por la creencia en la necesidad de rehabilitar y reintegrar a los agresores sexuales mediante beneficios penitenciarios y una perspectiva médica sobre la naturaleza de esta desviación (herencia quizás de la tradición criminológica basada en la defensa social y el positivismo). El Reino Unido se situaría en una posición intermedia, si bien ha recogido en los últimos años algunas de las iniciativas surgidas en Estados Unidos, como la creación de un registro oficial y la notificación a la comunidad de la presencia de un ex convicto sexual en su seno.

. . .

Así pues, esta introducción ha de servir para señalar un hecho obvio pero muchas veces omitido: algunos delincuentes sexuales son muy peligrosos y merecen toda nuestra atención, pero haríamos mal en entender que todo delincuente sexual, por el hecho de serlo, constituye tal amenaza. De hecho, como explicamos a continuación, sus tasas de reincidencia (aun reconociendo la existencia de la cifra oscura o de delitos no detectados) son más bien modestas. Otra cuestión es el delincuente sexual psicópata, sin duda el que mayor riesgo presenta de reincidencia y el que plantea los obstáculos más graves para un adecuado tratamiento, como se discutirá más adelante.

La reincidencia en los delitos sexuales

Hasta la fecha, la investigación ha revelado que los delincuentes sexuales reinciden menos que los otros tipos de delincuentes. Además, cuando los delincuentes sexuales reinciden, sus delitos suelen ser de naturaleza no sexual.

. . .

Así, cuando Langan y Levin examinaron en el año 2002 la reincidencia de 9.691 delincuentes sexuales liberados de prisión en 1994, y que habían estado una media de tres años en libertad, hallaron que sólo el 12% habían vuelto a cometer un delito sexual. En el más reciente estudio de Schumuker y Lósel (2008) se halló una tasa de reincidencia para delincuentes no sujetos a programas de tratamiento del 17,5%.

Ahora bien, a pesar de estos datos, que señalan claramente que los agresores sexuales tienden a reincidir menos que los otros delincuentes, cabe decir que son ellos los que mayor tendencia muestran a cometer un nuevo delito sexual.

Por otra parte, al menos el 75% de las reincidencias por delito sexual se llevan a cabo en personas a las que los agresores conocían previamente.

¿Cuáles son los mejores predictores de la reincidencia sexual? No todos los factores influyen por igual en todos los delincuentes sexuales, pero la investigación actual señala los siguientes como los más relevantes (de acuerdo a un estudio realizado por Hanson y Morton-Bourgon en 2005):

- Tener un historial delictivo previo.
- Diagnóstico de psicopatía.
- Una orientación sexual desviada (parafilia, obsesión sexual).
- Víctimas previas desconocidas.
- Relaciones íntimas conflictivas.
- Identificación emocional con niños.
- Historia previa de delitos sexuales que no implican contacto físico (p. ej., exhibicionismo).

Contrariamente, los delincuentes sexuales tenderán a reincidir menos cuando agredan en el hogar (incesto), sean primarios, mayores de cincuenta años y busquen víctimas niñas en vez de niños. Esto nos lleva a concluir que no todos los delincuentes sexuales deberían ser tratados de la misma manera. Actualmente hay un cierto consenso a la hora de señalar que son los agresores de niños extrafamiliares los que presentan mayores tasas de reincidencia (es decir, pedófilos homosexuales).

. . .

Política del registro oficial y restricciones de residencia

Durante los últimos veinte años, algunos países del ámbito anglosajón como Estados Unidos e Inglaterra han introducido leyes que exigen el registro oficial de los delincuentes sexuales. Tal registro implica presentarse a la policía en el lugar donde se va a vivir para que tomen nota de su nombre, dirección, tipo de condena cumplida y dejen una foto reciente. Posteriormente esa información se hace pública a los residentes de la zona mediante páginas de internet locales o la exposición de los registros en lugares públicos, como bibliotecas o las mismas comisarías de policía. Junto a esto, algunos estados de Norteamérica imponen restricciones en el lugar donde los delincuentes sexuales pueden llegar a vivir, particularmente los pedófilos.

Finalmente, también se emplea de modo creciente la figura de oficiales de libertad condicional especializados en estos delincuentes, así como el arresto domiciliario con supervisión electrónica, estableciéndose la permanencia obligada en el hogar excepto el tiempo de estancia en el trabajo, en el centro formativo y salidas ocasionales al supermercado o a la iglesia.

. . .

Estas medidas son objeto de discusión, ya que podría pensarse que, lejos de disminuir la reincidencia, la incrementan. La razón sería la siguiente: si la reintegración exige ser aceptado en una comunidad y cumplir con las obligaciones ciudadanas, tales medidas podrían suponer un incremento notable de las dificultades para que un delincuente consiga tal meta, al estigmatizar su presencia en el barrio e imponerle unas reglas que limitan drásticamente su capacidad de relación e interacción social.

Este argumento toma en cuenta el clásico concepto en Criminología de «control social informal», y el más moderno de «capital social». Este último, aunque definido de diversos modos, puede entenderse en lo esencial como el recurso que se deriva y es facilitado por los vínculos sociales. Esto es, el capital social es la información y ayuda que se prestan entre sí los residentes de un lugar.

En este tipo de comunidades existe una estabilidad económica, los niños suelen ser estrechamente supervisados y las calles son más seguras, todo lo contrario de los lugares donde hay déficit en capital social, donde el deterioro económico va parejo al social.

. . .

Los estudios de rehabilitación de ex presos muestran que el desistimiento en el delito guarda una profunda relación con el acceso a un trabajo digno y con la relación frecuente con familiares y amigos que les apoyan en ese esfuerzo por abandonar unos valores y hábitos antisociales, todo lo cual implica que tienen a su alcance oportunidades para vivir sin recurrir a los modos tradicionales del delito. Por consiguiente, los delincuentes sexuales podrían encontrarse con diferentes barreras a la reintegración como consecuencia de la política de registro oficial y otras medidas añadidas, como la restricción de vivienda y el control electrónico.

Barreras para la reintegración de los delincuentes sexuales.

Los delincuentes sexuales pueden experimentar barreras a la reintegración (exclusión del capital social), como consecuencia de...

- *Su retirada voluntaria de la vida comunitaria.* La existencia de un estigma promovido por los casos «estrella» de los medios acentúa el deseo de los delincuentes sexuales por alejarse de la vida pública. El registro aumenta su sentimiento de aislamiento y vergüenza, así como su alejamiento de la vida relacional, lo cual repercute en su vida laboral, social y emocional.

- *La movilización del control social informal.* Éste, definido como la voluntad de los residentes locales de tomar responsabilidad de la calidad de la vida en común y para trabajar conjuntamente en la solución de los problemas, podría dirigirse en contra de los delincuentes sexuales.
- *La falta de capital social de los lugares de residencia.* Al salir de la cárcel muchos delincuentes sexuales se ven relegados a comunidades con una alta desorganización social (pocos empleos, baja economía), algo que podría ser aumentado por la política de restricción de residencia. Ello implicaría una población flotante elevada, y pocas opciones para crear vínculos positivos.
- *El uso de medidas de supervisión muy estrictas.* La supervisión intensiva y el control electrónico podrían disminuir gravemente la relación de

los delincuentes sexuales con sus familiares, amigos y vecinos.

En un estudio se llevó a cabo una entrevista en profundidad con 23 delincuentes sexuales liberados sometidos a estas medidas intimidatorias, y sus autores concluyeron que «esas entrevistas revelan que esta política tiene efectos perjudiciales, particularmente por lo que respecta al mantenimiento de relaciones, hallar empleo y alojamiento, y hacer frente al estigma de ser un delincuente sexual». Tales hallazgos fueron consistentes con los resultados de otros estudios que también señalaron los efectos negativos del registro oficial. No obstante, sólo cinco de los veintitrés delincuentes sexuales evaluados informaron haber sufrido acciones de acoso u hostigamiento por parte de residentes de su barrio, algo que era especialmente temido por muchos. De hecho, los entrevistados encontraron mucho más negativo tener que soportar los rigores del arresto domiciliario y de la supervisión electrónica que el ostracismo o la hostilidad de los antiguos amigos, familiares y vecinos. De acuerdo con sus opiniones, la restricción tan estricta de movimientos les impedía hacer una vida mínimamente normal.

. . .

Por otra parte, como consecuencia de la política de restricción de la residencia, generalmente se relega a los delincuentes sexuales a vivir en lugares con pocos recursos y desorganización social, algo que se ve agravado porque dicha política fuerza a muchos de ellos a abandonar sus viviendas, al imponer la sentencia la necesidad de que guarden un alejamiento (en general de 1.000 pies, o sea, unos trescientos metros) de los lugares donde los niños suelen agruparse (colegios, parques, etc.). Estas restricciones en la zona del domicilio implican un aislamiento personal, una menor estabilidad y muchas veces problemas financieros. Todo lo que sabemos ahora indica que la política de restricción de residencia añade penalidades a las ya conocidas del registro oficial de delincuentes sexuales.

Tratamiento de los delincuentes sexuales

La buena noticia es que existen trabajos sólidos que demuestran que el tratamiento de los delincuentes sexuales no es una pérdida de tiempo. Hay dos estudios recientes muy importantes que avalan esta conclusión. El primero es el de Hanson y sus colegas, publicado en 2002, quienes revisaron 43 estudios de tratamiento con estos delincuentes (comparando más de 5.000 sujetos tratados con más de 4.000 no tratados), y hallaron que mientras los no tratados reincidían en un nuevo delito sexual con una tasa del 16,8%, los tratados reincidían en el 12,3%. Los beneficios fueron parecidos cuando se comparó la reincidencia en otros delitos.

Un estudio más moderno, el de Schumucker y Lósel (2008), llevó a cabo, tras un estudio exhaustivo de la literatura especializada, ochenta comparaciones independientes entre grupos de delincuentes sexuales tratados y no tratados (con un número total de 22.181 sujetos). La mayoría de los estudios mostraron un efecto positivo. En conjunto, el 11,1% de los delincuentes tratados reincidieron, mientras que la reincidencia de los no tratados llegó al 17,5%. Los hallazgos en reincidencia violenta y no violenta fueron parecidos.

¿Cuáles son los métodos más efectivos? Dejando aparte la castración quirúrgica por motivos éticos (¡pero que parece ser efectiva!), las estrategias más prometedoras son de naturaleza psicológica, en la orientación denominada cognitivo-conductual, que consiste en enseñar al sujeto a controlar su impulso desviado, a evitar situaciones de alto riesgo y a no emplear justificaciones para cometer los delitos. De modo más específico, los métodos de tratamiento cognitivo-conductuales para delincuentes sexuales se caracterizan por enseñar nuevas formas de pensar (reestructuración cognitiva), de percibir e interpretar emociones (como la empatía) y de actuar (autocontrol del impulso sexual violento) a los sujetos tratados. Es un reaprendizaje en su forma de acercarse y vivir la sexualidad, junto con otros apoyos terapéuticos que son relevantes también en otros delincuentes (como integración laboral, control del abuso del alcohol, etc.).

¿Qué sucede con la mal llamada— castración química?, (mucho mejor la expresión tratamiento farmacológico). En esencia, se trata de administrar sustancias por vía oral o intramuscular que influyen en la producción y los efectos de los andrógenos (testosterona), que son esenciales para la conducta sexual del varón, y reducen la testosterona mediante diferentes mecanismos. La consecuencia de ello es la disminución del deseo sexual. Los fármacos habituales son el acetato de medroxiprogesterona, el acetato de ciproterona y otros, entre los que destacan los inhibidores de la recaptación de la serotonina (los delincuentes sexuales tienden a preferir éstos a los antiandrógenos por sus menores efectos secundarios).

. . .

Es claro que este tratamiento inhibe el deseo sexual mientras se está administrando, o sea, es temporal en sus efectos, a diferencia de la castración quirúrgica. Hasta la fecha se ha comprobado en diversas ocasiones que reduce de modo importante las fantasías sexuales desviadas, las obsesiones y el deseo sexual, pero por sí sólo este tratamiento no ha probado ser efectivo. El veredicto de la investigación, en la actualidad, es que puede ser un valioso complemento con la terapia psicológica adecuada.

La mala noticia es que, por desgracia, el tratamiento del psicópata sexual es mucho menos halagüeño.

Ellos son los más reacios a participar en los programas, salvo que pretendan manipular a los funcionarios con objeto de adelantar su salida a la sociedad u obtener beneficios penitenciarios. Con estos sujetos se hace necesaria una vigilancia más extrema, y medidas de contención en libertad más estrechas si la agresión sexual tiene componentes sádicos o muy violentos (no incluyo aquí a los psicópatas sexuales asesinos en serie, cuya peligrosidad es extrema y deberían ser colocados en programas especiales, con vigilancia permanente al salir de la prisión).

2

Los primeros años de Ted Bundy

Nacido originalmente como Theodore Robert Cowell, Theodore "Ted" Bundy llegó a la vida con una abrumadora desventaja social. Bundy nació en Burlington, Vermont, de una madre soltera en una época en la que se consideraba vergonzoso y carente de moral quedarse embarazada fuera del matrimonio. La identidad de su padre sigue siendo un misterio, y la única información que comparte su madre es la de un encuentro seductor con un marinero posiblemente llamado Jack Worthington.

Nació en Vermont en un hogar para madres solteras y posteriormente se trasladó a la casa de sus abuelos en Filadelfia.

. . .

La familia decidió que el estigma social de ser criado como hijo ilegítimo supondría una carga demasiado grande para el joven Ted, por lo que inventaron que era un niño adoptado y afirmaron que su madre era en realidad su hermana mayor.

Se dice que Bundy apreciaba a su abuelo, un hombre que podía enfurecerse rápidamente y que tenía afición por la pornografía. Los indicios de problemas quizás aparecieron pronto en el horizonte de Bundy, ya que se dijo que tenía un extraño fetiche por los cuchillos a la temprana edad de 3 años. Una tía afirma que reunió una colección de cuchillos de cocina alrededor de ella mientras dormía. Al cabo de unos años, a instancias de unos familiares, su madre, Eleanor Cowell, se trasladó con Ted a Tacoma, Washington, donde vivieron inicialmente con unos primos. Un año después conoció a Johnny Culpepper Bundy en una reunión social de la iglesia. Ese mismo año se casaron y tuvieron varios hijos juntos. La relación entre Bundy y su padrastro carecía de incidentes dignos de mención, y no había indicios evidentes de que hubiera sufrido abusos físicos o mentales en su vida familiar. La mayoría concluiría que Bundy creció en un hogar normal de clase trabajadora.

. . .

Cuando se le pidió que recordara los detalles de los días de escuela pública de Bundy, la mayoría de la gente indicó que sus años de escuela primaria fueron los de un niño simpático que tenía muchos amigos y que tenía buenos resultados como estudiante. Esta caracterización cambió una vez que Bundy estaba en la escuela secundaria. Su confianza en sí mismo pareció disminuir, se volvió retraído y la popularidad de sus años de secundaria se desvaneció. Era socialmente torpe y su rendimiento académico no se comparaba favorablemente con el de años anteriores. Esto fue corroborado por Bundy, quien se describió a sí mismo como incapaz de entender las relaciones interpersonales e incapaz de saber cómo relacionarse con la gente para hacerse amigos. Esto explicaría por qué pasó tanto tiempo solo durante sus años de adolescencia, dada su incapacidad para entender cómo funcionar en relaciones sanas. Desarrolló una reputación de ladrón, ya que fue detenido en dos ocasiones y acusado de robo y hurto de coches hacia el final de sus días de instituto. En esta época era un ávido esquiador y a menudo satisfacía su afición a esta actividad utilizando equipos robados y billetes de remonte falsos. Los años de adolescencia de Bundy se vieron empañados por varios comportamientos desagradables, aunque aquí hay detalles contradictorios, como en otros aspectos de su vida, ya que los detalles que se dan a una persona no coinciden con los que se dan a otra.

A algunos les contó que buscaba en la basura imágenes de mujeres desnudas y escenas y que buscaba publicaciones de historias de crímenes que mostraban violencia sexual, especialmente las que iban acompañadas de imágenes de cadáveres o mutilados. Este comportamiento lo contradijo y negó rotundamente a otro biógrafo. Afirmaba haber consumido a menudo grandes cantidades de alcohol y también haber ido en busca de ventanas abiertas donde poder mirar a las mujeres mientras se desnudaban o se cambiaban de ropa de cama. Una cuestión que no está clara o que es objeto de debate es la del momento en que Bundy se dio cuenta de la verdad sobre su nacimiento y de que su madre se había hecho pasar por su hermana durante muchos años.

Cuando se le preguntó al respecto en los años posteriores a su ataque asesino, Bundy dio versiones contradictorias sobre el momento en que se enteró de la verdad. En una de ellas le dijo a una amiga que un primo se refirió a él como "bastardo" y le mostró una copia de su certificado de nacimiento. Otro dice que le dijo a un par de biógrafos que él mismo encontró la partida de nacimiento. Otros creen que descubrió la verdad tras decidir investigar el asunto personalmente y en 1969 localizó su partida de nacimiento original en Vermont.

3

Universidad y vida profesional

AL TERMINAR EL INSTITUTO, Bundy se matriculó en la Universidad de Puget Sound en 1965, donde permaneció brevemente, y decidió trasladarse a la Universidad de Washington en 1966, donde eligió estudiar chino. Al año siguiente, conoció a una compañera de estudios llamada Stephanie Brooks con la que pronto entabló una relación sentimental. Stephanie era una figura atractiva con el pelo largo y oscuro con raya en medio, un rasgo compartido por casi todas las víctimas posteriores de Bundy. La relación duró un par de años, hasta que Bundy dejó de estudiar en Stanford para trabajar en empleos mal pagados y empezó a participar en la campaña presidencial de 1968 como delegado de Nelson Rockefeller.

. . .

La apariencia de que Bundy carecía de toda ambición seria y de dirección profesional, además de la opinión de que era algo inmaduro, fue lo que impulsó a Brooks a poner fin a la relación y volver con su familia. Esta ruptura fue devastadora para Bundy y muchos creen que marcó el punto de inflexión en su vida en el que empezó a querer buscar salidas humanas a las frustraciones de sus fracasos sociales. Bundy dejó California y viajó al este, donde visitó a su familia en varios puntos del camino.

Pasó un semestre en la Universidad de Temple en 1969, y algunos creen que fue en ese momento cuando descubrió la verdad sobre la identidad de su madre. En 1969 regresó al estado de Washington y entabló una relación con Elizabeth Kloepfer, empleada de la Facultad de Medicina de la Universidad de Washington. Esta inestable relación duraría hasta su primer encarcelamiento en 1976. Volvió a matricularse en la Universidad de Washington en 1970 como estudiante de psicología, con más enfoque y dirección que en sus anteriores esfuerzos en la educación superior. Su rendimiento académico le llevó a alcanzar la categoría de estudiante de honor y sus profesores le tenían en alta estima. En 1971, su amistad con Ann Rule comenzó cuando ambos se conocieron como voluntarios en un centro de crisis por suicidio. Rule sospecharía después de que se hiciera público el perfil policial del asesino del noroeste del Pacífico y ofreció una pista que finalmente fue ignorada.

Tras su graduación en 1972, Bundy continuó sus actividades políticas uniéndose a la exitosa campaña de reelección del gobernador Daniel J. Evans y, posteriormente, fue contratado como asistente del presidente del Partido Republicano del Estado de Washington. En 1973, Bundy solicitó la admisión en la facultad de Derecho y en otoño se matriculó en la Universidad de Puget Sound. A principios de ese año se reencontró con Brooks y ambos empezaron a salir de nuevo.

El tema del matrimonio surgió en las conversaciones entre ambos y él la presentó como su prometida a algunos miembros de su círculo político. En enero de 1974, la relación se interrumpió repentinamente. Bundy dejó de ver a Brooks y se negó a devolver las cartas y las llamadas telefónicas. No hubo razones aparentes para este cese de la comunicación. Cuando por fin contestó a una llamada telefónica un mes más tarde, no ofreció ninguna respuesta ni razones de por qué decidió poner fin a su relación sin dar explicaciones.

Esta fue la última comunicación que hubo entre ambos.

Más tarde, Bundy afirmó que su intención fue siempre la de terminar la relación una vez que se convenció de que podía casarse con ella, presumiblemente para vengarse de ella por haber terminado su relación inicial años antes.

Poco después de la culminación de su relación, Bundy comenzó a perder el interés en sus estudios de derecho, como lo demuestra su decreciente asistencia. Justo antes de terminar su primer año, desapareció por completo del campus, lo que marcó el inicio de otra desaparición: la de las jóvenes que vivían en la región.

4

Proceso y patrones: Modus Operandi de Ted Bundy

PARA QUE UN delincuente consiga evitar su captura durante varios años de actos repetitivos de asesinatos violentos, debe mostrar un alto grado de organización y debe tener un gran dominio de cómo las autoridades investigarían e intentarían aprehenderlo. Bundy tenía ese conocimiento y conciencia a raudales. Presentó a las fuerzas del orden una multitud de desafíos. Se necesitaron años y varias víctimas antes de que investigaciones independientes y geográficamente extendidas pudieran determinar una conexión y comprender que compartían un sospechoso común. Eligió atacar a sus víctimas utilizando métodos que minimizaban el riesgo de detección, ya que había muy poco ruido, con traumatismos contundentes o estrangulamiento, lo que podía conseguirse con cualquier número de elementos que abundaban en la mayoría de los hogares.

. . .

Se cree que estudiaba meticulosamente los escenarios de sus futuros secuestros, en un esfuerzo por determinar el elemento de riesgo y la oportunidad relativa de perpetrar sus crímenes. Nunca empleó armas de fuego debido al evidente nivel de ruido, además de las pruebas balísticas residuales que quedarían. Se deshacía de sus víctimas tras quitarles y quemar sus ropas en lugares remotos donde había muy poca actividad humana. Nunca se demostró que sus huellas dactilares quedaran en la escena del crimen, un hecho notable dada la multitud de mujeres asesinadas por él a lo largo de los años que puede atribuirse a su atención al detalle. El único patrón que surgió con el tiempo fue un perfil de víctima distinto. Todas las víctimas eran mujeres de raza blanca, la gran mayoría de ellas con edades comprendidas entre los 15 y los 25 años, y muchas de ellas estaban matriculadas en centros de enseñanza superior. Ninguna había tenido un encuentro previo con él en alguna capacidad conocida. La mayoría tenía el pelo largo, liso y oscuro con raya en medio, una apariencia similar a la de Stephanie Brooks, que se convirtió en objeto de disputa entre Bundy y quienes analizan las motivaciones de su atroz comportamiento.

. . .

Una ventaja secundaria de la que Bundy pudo aprovecharse fue una apariencia aparentemente variable debido a la capacidad de sus expresiones para cambiar su apariencia completa lo suficiente como para dejar al observador cuestionando si estaban viendo a la misma persona al ver múltiples fotografías.

Bundy se aprovechó de esta cualidad, y cambiaba ligeramente la forma de afeitarse o de peinarse para introducir cambios sustanciales en su apariencia. Para ocultar un lunar oscuro característico en el cuello, usaba camisas y suéteres de cuello alto. En general, se consideraba que Bundy era muy guapo y bien cuidado, y que tenía una personalidad simpática. Hablaba con confianza y autoridad, lo que hacía que las personas con las que se relacionaba se sintieran inclinadas a seguir su ejemplo. La estrategia de Bundy cambió con el tiempo, añadiendo elementos sociales y otros componentes complicados a sus ataques. Al principio, entraba por la fuerza en una residencia y cometía rápidamente un espantoso ataque con un objeto contundente mientras su víctima dormía. Entre estas primeras víctimas se encontraban las que sufrían una agresión sexual lo suficientemente violenta como para causar daños físicos extremos en los genitales y los órganos internos.

. . .

Esta estrategia se retomó en los últimos ataques confirmados que se produjeron en Florida, después de que se conociera ampliamente su condición de hombre buscado.

Más tarde empleó métodos más elaborados para atraer a sus víctimas a una situación que le permitiera someterlas y posteriormente secuestrarlas. A veces fingía una lesión utilizando una escayola o muletas falsas y se acercaba a mujeres jóvenes para pedirles que le ayudaran a llevar un maletín u otro objeto a su vehículo, o les pedía que le ayudaran con su velero (que no existía).

En otros casos, se hacía pasar por autoridades locales (policía, guardias de seguridad, bomberos, etc.) y hablaba con voz de mando. Si conseguía persuadirlos para que subieran a su vehículo o incluso acercarlos a él, podía dominarlos físicamente, asestarles un golpe que los dejara inconscientes y luego ponerles las esposas para controlarlos en su vehículo. A esto le seguía inmediatamente la agresión sexual y/o el estrangulamiento, que a veces se producía en la escena del crimen inicial, pero más comúnmente ocurría en el lugar de la eliminación final o en algún otro lugar lejano.

. . .

Su comportamiento ritual incluía quitar la ropa a sus víctimas, seguido de relaciones sexuales con los cadáveres.

Los acicalaba y los vestía con la ropa que él elegía -los familiares testigos observaron que los fallecidos no tenían o no se sabía que llevaran las prendas que él las había vestido-. Asimismo, las pintaba con un color de esmalte de uñas que no era familiar para los allegados a la víctima.

5

Línea de tiempo de las victimas

Hay muchas especulaciones sobre cuándo y dónde empezó Bundy a victimizar a las mujeres en su juerga asesina, lo que también alimenta la incertidumbre sobre las motivaciones que subyacen a su atroz comportamiento. Los relatos personales de Bundy compartidos en entrevistas con psicólogos criminales e investigadores forenses son extremadamente contradictorios. Por un lado, según su testimonio, su primer asesinato ocurrió en Nueva Jersey, para luego afirmar que no asesinó a nadie hasta dos años después en el estado de Washington. Hay pruebas que sugieren que su primer asesinato tuvo lugar mucho antes, antes de su relación rota con Brooks, lo que complica cualquier esfuerzo para entender sus motivaciones.

. . .

La siguiente es una recopilación de las víctimas de Bundy según lo determinado por la confesión o la evidencia incriminatoria en la escena que se ajusta al perfil de sus asesinatos confesados a través de los años. Una vez dijo a un investigador que había algunos asesinatos de los que no hablaría y que había tres criterios de exclusión: "demasiado joven", "demasiado cerca de casa" o "demasiado cerca de la familia".

Nombre: Anne Marie Burr
Edad: 8 años
Fecha de desaparición: 13 de agosto de 1962
Estado: Sin confirmar - el cuerpo nunca fue recuperado

La residencia de esta niña estaba a sólo 10 cuadras de Ted Bundy, que tenía 15 años en ese momento. Ella se hizo conocida de Bundy por su ruta de periódicos y a menudo procedió a seguirlo mientras entregaba periódicos. La noche que desapareció, entró en el dormitorio de sus padres y les dijo que su hermana menor se sentía mal.

. . .

Sus padres supusieron que había vuelto a la cama, pero cuando se despertaron a la mañana siguiente ya no estaba. Al parecer, la niña salió de la casa por una ventana abierta, vestida con ropa de cama.

La búsqueda llevada a cabo por las fuerzas del orden locales no dio ningún resultado.

Nombre: Lonnie Trumbull
 Edad: 20 años
 Fecha del homicidio: 23 de junio de 1966
 Estado: Confirmado - Asesinada

Lonnie Trumbull trabajaba como azafata junto con su compañera de piso, Lisa Wick. Después de una visita con su novio alrededor de las 10 PM, Lonnie y Lisa se fueron a la cama. Al día siguiente, su compañera de piso volvió a casa a las 9:30 de la mañana y encontró la puerta de la casa sin cerrar. Volvió a su habitación donde pensó que los encontraría durmiendo, pero en su lugar los encontró gravemente apaleados. Lonnie estaba muerta, pero Lisa sobrevivió al ataque, aunque no recordaba nada después de salir del coma.

Nombre: Susan Davis

Edad: 19 años
Fecha de desaparición: 30 de mayo de 1969
Estado: Confirmado - Asesinada/Restos recuperados

Nombre: Elizabeth Perry
Edad: 19 años
Fecha de Desaparición: 30 de mayo de 1969
Estado: Confirmado - Asesinada/Restos recuperados

Davis y Perry fueron encontrados muertos a puñaladas cerca de Atlantic City, Nueva Jersey, en una época en la que Bundy asistía a la Universidad de Temple y vivía en la zona. Sus cuerpos fueron encontrados tres días después en una zona boscosa; extrañamente uno de ellos estaba desnudo y el otro completamente vestido. Los vínculos de Bundy con estos asesinatos se basan en la confesión a un investigador de que sus primeras víctimas de asesinato fueron dos mujeres de la zona de Filadelfia.

Nombre: Rita Curran
Edad: 24 años

Fecha del incidente: 19 de julio de 1971
Estado: Confirmado - Asesinada

Curran era una maestra de segundo grado que, irónicamente, trabajaba en un hotel adyacente a la casa de la madre soltera que fue el lugar de nacimiento de Bundy.

La mujer soltera había ensayado con su cuarteto de barbería hasta altas horas de la noche y fue vista por última vez con vida en su apartamento alrededor de las 11:30. Cuando sus compañeros de piso regresaron esa misma noche, encontraron su cuerpo desnudo y gravemente golpeado. Las lesiones sufridas tenían los signos distintivos de un ataque de Bundy; fue golpeada, estrangulada y violada, pero en el interrogatorio, Bundy fue descartado como sospechoso, aunque se demostró que estaba en Vermont el verano de su ataque.

Nombre: Rita Lorraine Jolly
  Edad: 17 años
  Fecha de la desaparición: 29 de junio de 1973

Situación: Sin confirmar

Rita salió de su residencia en West Linn, Oregón, para ir a dar un paseo alrededor de las 7:15 PM y no se ha vuelto a saber de ella. Fue vista por última vez menos de dos horas después de salir, caminando por Sunset Avenue.

Nombre: Vicki Lynn Hollar
Edad: 24 años
Fecha de desaparición: 20 de agosto de 1973
Situación: Sin confirmar

Hollar fue vista por última vez entrando en su coche el día de su desaparición alrededor de las 17 horas en Eugene, Oregón. Esa noche había quedado con una amiga para asistir a una fiesta del barrio, pero nunca llegó. Bundy es un firme sospechoso de su desaparición, aunque las autoridades de Oregón no tuvieron la oportunidad de interrogarle sobre una posible conexión antes de su ejecución. Ella encaja en el perfil de sus otras víctimas y se ha confirmado que él estaba en la zona en el momento en que ella desapareció.

. . .

Nombre: Lynda Ann Healy
Edad: 21 años
Fecha de la desaparición: 31 de enero de 1974
Estado: Confirmado - Asesinada

Healy desapareció a última hora del día el 31 de enero de 1974. Estaba en el último año de la Universidad Estatal de Washington y había seguido su rutina normal, que incluía las clases y su trabajo como pronosticadora de esquí. Esa noche se fue a la cama y cuando sus compañeras de habitación llegaron a casa más tarde esa noche, supusieron que estaba dormida. A la mañana siguiente sonó el despertador de una compañera de piso y se dio cuenta de que el de Lynda seguía sonando.

Entró y la apagó para descubrir que la cama estaba hecha; una observación extraña ya que Lynda no solía hacer la cama hasta la tarde siguiente. El jefe de Lynda llamó entonces para decir que no se había presentado a trabajar, y se descubrió que la bicicleta con la que normalmente iba al trabajo seguía en el sótano. Se encontró una puerta lateral sin cerrar y cuando sus padres se presentaron para la cena que había prometido hacer y ella seguía sin aparecer, se llamó a la policía. La policía entró en su dormitorio y al retirar las sábanas descubrió unas sábanas empapadas de sangre y una funda de almohada manchada de sangre. Aparte de su camisón, que había sido colocado en el armario, no había otros signos de ataque o lucha. No fue hasta un año después que sus restos fueron encontrados en lo que se conoció como el cementerio de Bundy. Su cráneo fue severamente golpeado. Su asesinato fue uno de los que Bundy confesó antes de ser ejecutado.

Nombre: Donna Gail Manson
 Edad: 19 años
 Fecha de Desaparición: 12 de marzo de 1974
 Estado: Confirmado - Confesión de asesinato

Manson desapareció el 12 de marzo de 1974 del Evergreen State College donde estaba matriculada como estudiante.

Donna habría sido especialmente vulnerable a la explotación por parte de Bundy, ya que fumaba marihuana con regularidad y era propensa a marcharse sin previo aviso y volver para contar a sus amigos historias salvajes de autostop. Debido a su hábito de desaparecer durante tramos de tiempo, cuando no regresó después de salir esa noche para asistir a un evento del campus no se denunció su desaparición hasta 6 días después. Nunca se la vio con vida después de salir de su habitación a las 7 de la tarde y Bundy confesó más tarde su asesinato, afirmando que sus restos estaban entre los encontrados a principios de marzo en Taylor Mountain, Washington.

Nombre: Susan Elaine Rancourt
Edad: 19 años
Fecha de la desaparición: 17 de abril de 1974
Estado: Confirmado - Confesión de asesinato

Susan tenía un atributo único en relación con las otras víctimas femeninas jóvenes de Bundy - ella tenía el pelo rubio. Trabajaba a tiempo completo mientras asistía a la Universidad Estatal de Washington. La noche en que desapareció, se dirigió al otro lado del campus al anochecer, la noche del 17 de abril de 1974, para asistir a una reunión sobre una nueva oferta de trabajo para futuros asesores de dormitorios.

. . .

La última vez que se la vio fue al salir de la reunión de asesores y había hecho planes para ver una película alemana con un amigo, pero nunca apareció. Su cráneo fue la única parte del cuerpo que se encontró casi un año después en Taylor Mountain. Bundy confesó haberla matado antes de ser ejecutado.

Nombre: Roberta Kathleen Parks
    Edad: 20 años
    Fecha de desaparición: 6 de mayo de 1974
    Estado: Confirmado - Confesión de asesinato

El asesinato de Kathy fue doblemente trágico para su familia, ya que un par de días antes de su desaparición, el 6 de mayo de 1974, había tenido una discusión con su padre por teléfono. El día que desapareció su hermana la llamó para informarle de que su padre había sufrido un ataque al corazón, pero volvió a llamar más tarde con la buena noticia de que se recuperaría. Esa noche salió para ir a tomar un café a la residencia de una amiga, pero no llegó. Sus restos fueron uno de los muchos encontrados en Taylor Mountain a principios de marzo de 1975. Bundy confesó su asesinato antes de ser ejecutado.

Nombre: Brenda Carol Ball
Edad: 22 años
Fecha de Desaparición: 1 de junio de 1974
Estado: Confirmado - Confesión de asesinato

Ball fue vista por última vez en una taberna donde permaneció hasta la madrugada del 1 de junio de 1974. Fue vista por última vez hablando con un hombre que llevaba un cabestrillo en el brazo en el aparcamiento. Su espíritu libre hizo que sus amigos no se tomaran en serio su ausencia: nadie denunció su desaparición hasta 19 días después. El 1 de marzo de 1975, unos estudiantes universitarios que realizaban trabajos en Taylor Mountain encontraron lo que resultó ser su cráneo y el primero de otros que aparecieron en este lugar. Ted Bundy confesó el asesinato antes de ser ejecutado.

Nombre: Georgeann Hawkins
Edad: 18 años
Fecha de Desaparición: 10 de junio de 1974
Estado: Confirmado - Confesión de asesina-

to/Restos recuperados

Hawkins era una estudiante bajita y trabajadora del campus de Seattle de la Universidad de Washington.

Llamó a su madre el 10 de junio de 1974, el día de su desaparición, para informarle de que iba a estudiar intensamente para preparar su examen de español del día siguiente. Después de una fiesta esa noche, pasó por la habitación de su novio para visitarlo brevemente antes de volver a su propia habitación para estudiar para su examen de español. Tras salir de la habitación de su novio, otros amigos la vieron por la calle, donde llegó a menos de 12 metros de su destino. Cuando no llegó en un par de horas, su compañera de cuarto y su novio consultaron a la madre de su dormitorio, que les informó de que se había despertado antes por un fuerte grito. Ella asumió que no era más que la típica payasada de los estudiantes fuera del dormitorio y se quedó dormida de nuevo. La confesión de asesinato de Bundy incluyó un recuerdo frío sobre cómo la encontró muy confiada y buscó su ayuda para que le ayudara a llevar su maletín, señalando su lesión fingida y su yeso falso. Ella accedió a ayudarle y posteriormente él la dejó inconsciente y la metió en su coche y se marchó. Antes de matarla, ella recobró la conciencia y le dijo que creía que lo había enviado para ayudarla a preparar su examen de español. A continuación, la dejó inconsciente de nuevo con un fuerte golpe y luego la estranguló para terminar su acto asesino. Antes de ser ejecutado, testificó que sus restos fueron los que se descubrieron el 6 de septiembre de 1974 cerca de un parque estatal.

Nombre: Janice Ott
 Edad: 23 años
 Fecha de desaparición: 14 de julio de 1974
 Estado: Confirmado - Confesión de asesinato/Restos

La recuperada Ott era una trabajadora social de 23 años trasladada desde California que se dedicaba a ayudar a personas con problemas de personalidad antisocial. Su empleo la había llevado a Washington, donde echaba de menos a su marido, que permanecía en Riverside, California, en su propia consulta. La tarde de su desaparición había ido en bicicleta al Parque Estatal del Lago Sammamish. Los testigos la vieron por última vez intentando ayudar a un hombre escayolado y nunca más se la volvió a ver con vida. Sus restos, junto con los de otras personas, fueron encontrados en una zona a casi 3 kilómetros del parque. Se obtuvo una confesión de asesinato de Ted Bundy antes de su ejecución.

Nombre: Denise Naslund
Edad: 18 años
Fecha de desaparición: 14 de julio de 1974
Situación: Confirmado - Confesión de asesinato/Restos recuperados

Naslund era una aspirante a programadora informática que trabajaba a tiempo parcial para pagarse los estudios.

Ella y su novio habían ido al Parque Estatal del Lago Sammamish con unos amigos para hacer un picnic esa tarde. Denise fue al baño alrededor de las 4:30 y no se la volvió a ver. Su perro, que había llevado consigo, apareció solo. Casi dos meses después, sus restos fueron descubiertos en un lugar donde habían aparecido los restos de otras víctimas a casi 3 kilómetros de distancia. Bundy admitió haber matado a Naslund el mismo día que a Janet Ott en la misma zona.

Nombre: Nancy Wilcox
   Edad: 16 años
   Fecha de Desaparición: 2 de octubre de 1974
   Estado: Confirmado - Confesión de asesinato

Wilcox desapareció de una comunidad cercana a Salt Lake City, siendo observada por última vez como pasajera de un Volkswagen Beetle parecido al de Ted Bundy.

Bundy confesó haberla matado antes de su muerte e informó a las autoridades de que su cuerpo fue colocado en una zona remota al sur de Salt Lake City.

Nombre: Melissa Smith
Edad: 17 años
Fecha de la desaparición: 18 de octubre de 1974
Estado: Confirmado -Confesión de asesinato/ Restos recuperados

. . .

Smith residía en Midvale, Utah, una pequeña y tranquila comunidad mormona que la mayoría de los residentes habrían considerado un lugar seguro para criar a una adolescente con pocas amenazas percibidas. El 18 de octubre, se dirigió a una pizzería local con una amiga, tras lo cual se marchó a casa para recoger ropa para una fiesta de pijamas. Nunca llegó a casa y su cuerpo maltratado fue encontrado sin ropa. Su cabeza había sido golpeada salvajemente con un objeto metálico grande, posiblemente una palanca. Además, se determinó que había sido estrangulada y violada. Bundy ofreció una confesión de asesinato antes de su muerte.

Nombre: Laura Aimee
Edad: 17 años
Fecha de Desaparición: 31 de octubre de 1974
Estado: Confirmado - Confesión de asesinato/Restos recuperados

Aimee era una joven socialmente insegura que abandonó el instituto y se ganó la reputación de vagabunda en busca de su lugar en la vida. Fue vista por última vez en un café la noche de Halloween, tras lo cual se marchó con destino a un parque. Esta fue la última vez que se la vio.

Su cuerpo fue encontrado al mes siguiente en la orilla de un río en las montañas Wasatch. Su rostro estaba tan golpeado que no se la pudo identificar por su aspecto.

Había sido despojada de su ropa, estrangulada, agredida sexualmente y golpeada con lo que parecía ser un gran objeto metálico. Bundy admitió haberla matado antes de ser ejecutado.

Nombre: Caryn Campbell
  Edad: 23 años
  Fecha de desaparición: 12 de febrero de 1975
  Estado: Confirmado - Confesión de asesinato/Restos recuperados

Campbell residía en Farmington, Michigan, y estaba de visita en Aspen con su prometido y los dos hijos de éste.

. . .

Su prometido era un médico que estaba asistiendo a un seminario en la ciudad y la familia decidió que sería conveniente hacer también una experiencia de vacaciones, por lo que Campbell y los dos niños vinieron. Mientras su prometida asistía al seminario, Campbell llevó a los niños a esquiar y a explorar. Después de la cena, la familia regresó a la posada donde se alojaban para la estancia. Mientras los demás estaban en el salón, Campbell regresó a su habitación para recoger una revista y se ausentó durante un tiempo que pareció desmesurado. Su prometida fue a buscarla sin éxito. Llamaron a la policía, pero no pudieron encontrar ninguna prueba que explicara su desaparición. Su prometido tuvo que volver a casa con sus hijos y esperó una llamada telefónica explicativa que nunca llegó. Casi seis días después de su desaparición, Campbell fue encontrada tirada en un banco de nieve a poca distancia de la posada donde se había alojado su grupo. La policía sospecha que fue secuestrada a menos de 30 metros de la puerta de su habitación. La encontraron desnuda, golpeada y con laceraciones. Al parecer, también había sido violada. Bundy confesó su secuestro y asesinato antes de su ejecución en Florida.

Nombre: Julie Cunningham
    Edad: 26 años

Fecha de Desaparición: 15 de marzo de 1975
Estado: Confirmado - Confesión de asesinato

Cunningham era una joven atractiva de la que se decía que había tenido dificultades con las relaciones sentimentales. Había sufrido varios desengaños amorosos, el último de los cuales se produjo a principios de la misma semana en que iba a morir. En la fecha de su desaparición, habló con su madre por última vez por teléfono y luego se dirigió a un bar local donde iba a encontrarse con su compañero de piso, pero nunca llegó. Bundy admitió haberla asesinado justo antes de su ejecución.

Nombre: Denise Lynn Oliverson
Edad: 25 años
Fecha de desaparición: 6 de abril de 1975
Estado: Confirmado - Confesión de asesinato

Oliverson fue otra muerte trágica a múltiples niveles para los miembros de la familia. Antes de su desaparición, tuvo una acalorada discusión con su marido y decidió marcharse en bicicleta a visitar a sus padres.

Cuando ella no regresó a casa esa noche, él pensó que podría haber quedado algo de rabia y decidió darle algo de tiempo para que se calmara y concluyó que sería mejor esperar hasta el día siguiente antes de llamarla a la residencia de sus padres. Cuando llamó, se sorprendió al saber que ella no había aparecido. Se llamó a las autoridades locales y éstas localizaron su bicicleta y sus sandalias bajo un viaducto.

Antes de su ejecución se obtuvo una confesión de asesinato de Bundy, en la que afirmaba que había arrojado su cuerpo al río Colorado que, hinchado por el deshielo, podría haber arrastrado su cuerpo kilómetros río abajo.

Nombre: Melanie Cooley
  Edad: 18 años
  Fecha de la desaparición: 18 de abril de 1975
  Estado: Confirmado - Confesión de asesinato

Las circunstancias que rodearon la desaparición de Cooley fueron similares a las de un par de otras víctimas de Bundy. Ella era una fugitiva, habiendo dejado el campus de su escuela secundaria el día de su desaparición para no ser vista nunca más. Su cuerpo agredido fue descubierto a 20 millas de la escuela en una zanja. Su asesinato fue confesado por Bundy antes de ser ejecutado.

Nombre: Lynette Culver
Edad: 13 años
Fecha de Desaparición: 6 de mayo de 1975
Estado: Confirmado - Confesión de asesinato

La tarde de su desaparición, Culver subió a un autobús con destino a la reserva india de Fort Hall, en las afueras de Pocatello, Idaho, y nunca más se supo de ella. Se obtuvo una confesión de asesinato de Ted Bundy antes de su ejecución. Afirmó haber secuestrado a Culver y haberla llevado a una habitación de un Holiday Inn donde la violó y la ahogó en la bañera. Aunque se especula que Bundy pudo atribuirse algunos asesinatos que no cometió, compartió detalles de la vida de Culver que sólo pudo obtener de ella. Afirmó que después de matarla, arrojó su cuerpo al río Snake.

Nombre: Shelly Robertson

Edad: 24 años
Fecha de desaparición: 1 de julio de 1975
Situación: Confesión de asesinato/Restos recuperados

Después de una discusión con su novio, Robertson desapareció, y sus socios no pensaron mucho en ello, ya que era dada a los caprichos y tenía fama de hacer autoestop. De hecho, pasaron semanas antes de que se prestara la debida atención a su desaparición. La última vez que se la observó fue por un policía que la había visto en una gasolinera en compañía de un hombre en un camión destartalado. El 21 de agosto, su cuerpo fue encontrado desnudo en el interior de una mina local.

El grado de descomposición impidió determinar la causa de la muerte. Su asesinato fue confesado por Bundy antes de su ejecución.

Nombre: Sue Curtis
Edad: 15 años
Fecha de Desaparición: 27 de junio de 1975
Estado: Confirmado - Confesión de asesinato

. . .

Curtis fue secuestrada en Provo, Utah, mientras asistía a una conferencia en el campus de la Universidad Brigham Young. Les dijo a sus amigos que iba a caminar los 400 metros de vuelta a la residencia universitaria donde se alojaba para lavarse los dientes. Al inspeccionar su cepillo de dientes, las autoridades llegaron a la conclusión de que nunca había regresado a la residencia, ya que el cepillo estaba seco. Bundy confesó el asesinato de Curtis antes de su ejecución en 1989. Afirmó haber enterrado su cuerpo a lo largo de una carretera cerca de la ciudad de Price, Utah, pero sus restos nunca se han encontrado.

Nombre: Debby Kent
    Edad: 17 años
    Fecha de la desaparición: 8 de noviembre de 1975

La noche de su desaparición, Kent había ido con sus padres a una obra de teatro del instituto después de dejar a su hermano pequeño en una pista de patinaje. Al final de la obra, dejó a sus padres en el colegio mientras iba a recoger a su hermano. Nunca llegó a la pista de patinaje.

. . .

Las personas que vivían cerca de la escuela informaron de que habían oído dos gritos cortos y horribles, pero, aparte de salir a la calle y mirar en la dirección de los gritos, no hicieron nada, ni siquiera ponerse en contacto con las autoridades. Sus angustiados padres se pusieron en contacto con la policía de Bountiful cuando todos los demás coches habían abandonado el aparcamiento y su hija aún no había regresado. Un testigo dijo a la policía que vio un Volkswagen Beetle de color claro salir del colegio a gran velocidad.

Nombre: Debbie Smith
   Edad: 17 años
   Fecha de la desaparición: febrero de 1976
   Estado: Confirmado - Restos recuperados

Los restos de Smith fueron descubiertos el 1 de abril de 1976 en el Aeropuerto Internacional de Salt Lake.

Nombre: Lisa Levy
   Edad: 20 años
   Fecha del incidente: 14 de enero de 1978
   Estado: Confirmado - Asesinato

. . .

Tras regresar de una discoteca del campus a las 22:00 horas, Levy volvió a casa y se acostó. Era la única persona en su dormitorio esa noche, ya que su compañera de piso se había marchado durante el fin de semana. A pesar de toda la conmoción provocada por otros ataques perpetrados por Bundy en el campus con anterioridad contra Karen Chandler y Kathy Kleiner, que sobrevivieron con lesiones permanentes, Levy no parecía estar alerta. Un agente de policía intentó reanimarla, pero su intento de recuperación fue infructuoso. Se encontró un bote de laca para el pelo introducido en su vagina. Sufrió un mordisco en el pezón derecho que casi lo separa de su cuerpo.

Además, tenía la clavícula izquierda rota y probablemente murió estrangulada. Bundy dejó pruebas en la escena de este ataque en forma de una herida de mordedura en su nalga. Esto ayudó más tarde a las autoridades a identificarlo como el asesino.

Nombre: Margaret Bowman
    Edad: 21 años
    Fecha del incidente: 14 de enero de 1978
    Estado: Confirmado - Asesinada

. . .

Bowman volvió a casa después de una cita a ciegas sobre las 9:30 de la noche y pasó muchas de sus últimas horas compartiendo la experiencia con sus amigos en su dormitorio. Se fue a dormir sobre las 2:30 de la madrugada y la encontraron tumbada en su cama con el cráneo muy fracturado. Le habían puesto una media de nylon alrededor del cuello.

Nombre: Kimberly Leach
   Edad: 12 años
   Fecha de desaparición: 9 de febrero de 1978
   Estado: Confirmado - Asesinada/Restos recuperados

Leach desapareció de su escuela secundaria después de abandonar una sesión de clase para recuperar su bolso que había dejado en su aula. Su profesor le permitió a ella y a una amiga volver a por él, y la amiga también recordó algo que quería recuperar, dejando a Leach sola.

Cuando la amiga regresó, vio a Leach alejarse con un hombre adulto que, según otros testigos, parecía estar enfadado. Se supuso que tal vez se trataba de un padre que estaba disciplinando a un niño revoltoso al que llevaban a casa por el día. Los funcionarios de la escuela llegaron a pensar que algo andaba mal y llamaron a casa para preguntar por qué no la habían retirado correctamente y por qué no había asistido al resto de sus clases.

Cuando se pusieron en contacto con sus padres, supieron que algo andaba muy mal, ya que la falta de asistencia a la escuela era muy poco habitual en ella. No se encontró ningún rastro de ella desde que se inició una búsqueda intensiva hasta que se recuperaron sus huesos 8 semanas después en un corral. Extrañamente fue la rara víctima que no sufrió golpes en la cabeza, aunque había signos de una agresión sexual y de estrangulamiento.

Sobrevivientes de los ataques de Bundy

Hubo varios casos en los que Bundy no completó su acto de matar por cualquier razón. En algunos casos, simplemente pensó que las víctimas estaban muertas cuando las había dejado inconscientes. Bundy es considerado el principal sospechoso o el principal sospechoso en estos ataques, ya que tanto las víctimas como las pruebas coinciden con el perfil de otros en los que se obtuvo su confesión. En otros casos, podría haberse asustado debido al sonido de personas que se acercaban a su alrededor. Casi todas ellas sufrieron lesiones permanentes que suelen incluir daños cerebrales y, a menudo, daños en la región genital. La siguiente es una lista de supervivientes conocidos:

Nombre: Karen Sparks
 Edad: 18 años
 Fecha del ataque: 4 de febrero de 1974

Sparks dormía esa noche en una habitación del sótano de una casa de alquiler compartida y al día siguiente fue descubierta con sangre en la cara y con el pelo enmarañado. Una barra de metal del marco de la cama había sido introducida en su vagina. No recordaba el ataque.

Nombre: Carol DaRonch
 Edad: 18 años
 Fecha del ataque: 8 de noviembre de 1974

. . .

DaRonch se encontró con Bundy en una tienda Waldenbooks en Salt Lake City, Utah. Bundy se acercó a ella diciendo que era una figura de autoridad y le informó de que habían entrado en su coche y que debía ir a inspeccionar el incidente.

DaRonch era ingenua en un par de frentes. Bundy le había preguntado cuál era su número de matrícula en lugar de dárselo, y no se paró a pensar en cómo la habría encontrado dado que no tenía ninguna relación previa con ella que le diera una idea del aspecto del propietario del coche. Su seguridad y autoridad le hicieron pensar que se trataba de un guardia de seguridad, pero cuando ella le pidió una identificación él se negó con una risa sarcástica. Llegaron al coche, donde no parecía faltar nada. Entonces insistió en que le acompañara a la "comisaría", donde podría ayudar a identificar al sospechoso.

Ella tomó la decisión de subirse a su Volkswagen para ir a la "central" donde habían llevado al sospechoso. Se le indicó que se pusiera el cinturón de seguridad, a lo que se negó. Se dispuso a saltar del coche, pero en ese momento él había arrancado y alcanzado rápidamente una gran velocidad. Se dirigía en dirección contraria a la comisaría cuando se detuvo repentinamente e intentó ponerle las esposas. Colocó por error las dos esposas en la misma muñeca mientras forcejeaban. A continuación, empuñó una pistola y la amenazó con matarla, pero ella salió disparada por la puerta y él fue tras ella con una palanca.

La agarró y la lanzó contra el coche, pero presumiblemente, debido a la fuerza que le proporcionaba la pura adrenalina, ella se soltó y salió lo más rápido posible hacia la carretera, por donde casualmente pasaba un vehículo de forma intempestiva. La pareja del coche la llevó a la comisaría, donde los detalles de su relato resultarían más tarde decisivos para la detención de Bundy.

Otra víctima prevista afirma haber logrado escapar de las garras de Ted Bundy. En 1974, Rhonda Stapley, de 21 años, estaba esperando un autobús cuando Bundy se acercó y se ofreció a llevarla en su Volkswagen Beetle. Lo describió como "el chico de la puerta de al lado" y continuó diciendo que parecía "normal" y que "encajaba en la comunidad". Stapley aceptó su invitación y, tras subir, Bundy se metió en la interestatal y tomó un desvío, para luego salirse de la carretera en un lugar apartado.

. . .

Había estado charlando, pero de repente se quedó callado, tras lo cual dijo en voz baja: "¿Sabes qué? Creo que voy a matarte". A continuación, comenzó a asfixiar a Stapley, que afirma haber perdido y recuperado el conocimiento en múltiples ocasiones. Ella pudo escapar después de volver en sí la última vez y ver a Bundy junto a su coche que parecía estar buscando algo. La adrenalina hizo acto de presencia y se levantó y corrió, tropezando finalmente con un río caudaloso que la llevó río abajo y la alejó de su atacante.

Después de que desaparecieran más chicas de la zona, Stapley guardó silencio a pesar de que le urgía dar su versión. Pensó que dar la cara advertiría al malhechor de que las autoridades le estaban buscando.

También le faltó valor para hablar. No fue hasta 2011, después de ser animada por su familia, que buscó terapia y salió a la luz. Cabe señalar que algunos han cuestionado su afirmación y piensan que Stapley está tratando de explotar los hechos de Bundy para obtener ganancias financieras, ya que está promoviendo un libro titulado I Survived Ted Bundy y está haciendo entrevistas con People y el programa Dr. Phil.

. . .

Nombre: Karen Chandler
   Edad: 21 años
   Fecha del ataque: 14 de enero de 1978

Nombre: Kathy Kleiner
   Edad: 20 años
   Fecha del ataque: 14 de enero de 1978

Chandler y Kleiner fueron atacados en su habitación en algún momento después de la medianoche.

Un testigo observó a un sospechoso que se creía que era Bundy mientras huía del edificio. Los residentes alertaron a la madre de la casa y descubrieron que ambas mujeres estaban extremadamente ensangrentadas y habían sufrido múltiples lesiones. Ninguna de las dos pudo aportar pruebas incriminatorias por falta de memoria.

Nombre: Cheryl Thomas
   Edad: 21 años
   Fecha del ataque: 15 de enero de 1978

. . .

Es probable que Thomas haya sobrevivido al ataque porque Bundy oyó que la gente se acercaba demasiado.

Fue encontrada en su cama con múltiples fracturas de cráneo y contusiones. También sufrió daños en los nervios, un hombro dislocado y una mandíbula rota.

Bundy como sospechoso o persona de interés

Hay casos que no encajan especialmente bien en el perfil de Bundy debido a las pruebas disponibles o a los relatos de los testigos, pero no se ha descartado del todo su implicación. Los siguientes casos encajan en esta categoría:

Nombre: Joyce LePage
Edad: 21 años
Fecha de Desaparición: 22 de julio de 1971
Estado: Confirmado - Asesinada/Restos recuperados

LePage desapareció del campus de la Universidad Estatal de Washington, donde estudiaba. Sus restos fueron descubiertos nueve meses después, envueltos en una alfombra y atados con una cuerda en un barranco boscoso cerca de Pullman, Washington. Las autoridades se inclinan por mantener que Bundy sigue siendo sospechoso.

Nombre: Sandra Jean Weaver
Edad: 19 años
Fecha de la desaparición: 1 de julio de 1974
Estado: Confirmado - Asesinada/Restos recuperados

Weaver era una residente de Tooele, Utah, cuyo cuerpo desnudo fue descubierto al día siguiente de su desaparición en un lugar cercano a Grand Junction, Colorado.

Nombre: Carol Valenzuela
Edad: 20 años
Fecha de la desaparición: 2 de agosto de 1974
Estado: Confirmado - Asesinada/Restos recuperados

Nombre: Martha Morrison

Edad: 17 años
Fecha de desaparición: 1 de septiembre de 1974

Los restos de Valenzuela y Morrison fueron encontrados en una fosa poco profunda a principios de octubre cerca de Olympia, Washington. Bundy sigue siendo sospechoso, ya que se sabe que viajó de Seattle a Salt Lake City en agosto y podría haber tomado una ruta que incluiría Vancouver y Eugene, pero esto es totalmente especulativo.

Nombre: Nancy Baird
Edad: 23 años
Fecha de la desaparición: 4 de julio de 1975
Situación: Sin confirmar

Baird era empleada de una gasolinera de Layton, Utah.

Se relacionaba regularmente con clientes que no conocía y se encontraba con personas desconocidas en un entorno de trabajo con un grado de riesgo de victimización superior a la media.

6

Patología y análisis psiquiátrico

Bundy se dejó someter a numerosas evaluaciones clínicas por parte de expertos de varias instituciones. Las conclusiones resultantes difieren entre los examinadores.

Una evaluación común que surgió fue la de personalidades múltiples. Esto surgió de la información compartida en entrevistas y testimonios judiciales por parte de familiares y funcionarios de la justicia penal. Se describió que Bundy tenía la capacidad de transformarse de una identidad a otra o, en otras ocasiones, de aparecer simplemente como alguien que el observador no reconocía.

. . .

Las pruebas más sólidas para un diagnóstico sugerían que Bundy mostraba un trastorno antisocial de la personalidad o ASPD.

Estos candidatos, que a menudo se denominan "sociópatas" o "psicópatas", muestran cualidades socialmente aceptables en el exterior y son personas superficialmente simpáticas, pero bajo la superficie no pueden empatizar, determinar entre el bien y el mal o no tienen la capacidad de sentir culpa o remordimiento. Bundy desestimó la importancia de la culpa y admitió que no era algo que poseyera en ningún momento. Otras características sociopáticas que poseía Bundy eran el narcisismo, la falta de juicio y la manipulación. Uno de los propios psiquiatras de Bundy admitió que éste lo manipulaba durante el examen.

En una entrevista con el evangelista James Dobson, de la organización cristiana Focus on the Family, Bundy implicó a la pornografía como la raíz de su comportamiento. Sugirió que exponerse a la pornografía engendra un apetito insaciable de exposición sexual que aumenta en el grado de severidad y violencia. Finalmente, afirmó que la pornografía no satisfacía el apetito que generaba y que actuar según los pensamientos sexuales violentos era la única fuente real de satisfacción que tenía. Aunque había quienes compartían sus sentimientos sobre los peligros de la pornografía, incluido Dobson, muchos otros concluyen que esto no era más que su intento de trasladar la culpa y la responsabilidad de sí mismo a otros. Esto apunta a una tendencia con Bundy, que era asignar la culpa a alguien o algo más.

Podría haber evitado la pena de muerte aceptando su responsabilidad por los más de 30 asesinatos que confesó antes de su juicio en Florida, pero se negó. Insistió en que la vida había sido injusta con él desde su infancia, que incluía la ausencia de su verdadero padre y el engaño sobre su filiación. También dijo que los medios de comunicación, la policía y el alcohol eran los responsables. Las revistas de crímenes y la televisión también fueron parcialmente responsables. Incluso culpó a sus víctimas por su apariencia vulnerable, que según él invitaba al abuso.

Bundy nunca pareció estar motivado por un juego del gato y el ratón con la policía o por burlar a los investigadores mientras seguía aumentando su cuenta, aunque ciertamente no quería ser atrapado. No parecía comprender el alcance de lo que había hecho en términos de las vidas que había impactado. Sólo parecía estar tratando de satisfacer el deseo de tener el máximo control sobre los demás. Se dice que los asesinos en serie construyen barreras casi impenetrables contra la culpa. Por eso fue tan difícil arrancarle confesiones a Bundy, ya que le exigía superar una barrera considerable que se había construido en su interior hacía mucho tiempo.

Lo único que parecía importar en cualquier situación de la vida de Bundy era que él tuviera el control.

Esto podía verse en la forma en que manipulaba a sus víctimas, tanto antes como después de matarlas. Las vestía a su gusto personal y recreaba las escenas que aparecían en las revistas de crímenes. En sus procesos judiciales, no podía importarle menos lo que le interesaba para tener la mejor oportunidad de obtener el mejor veredicto posible.

Sólo importaba que dijera lo que se le ocurriera y que se abstuviera de renunciar al control, incluyendo confesiones que hubieran evitado su muerte.

7

La vida en la matanza

Desde el 4 de enero hasta principios de mayo, Bundy protagonizó una matanza en el noroeste del Pacífico que creó un tremendo malestar en la comunidad y dejó a la policía sin saber qué podía hacer para detener los asesinatos. Los detectives y los agentes de la ley de la región de Seattle se sintieron frustrados, ya que no había más pruebas físicas que la apariencia común y los atributos de edad que compartían las víctimas. Los asesinatos continuaban y las fuerzas del orden peinaban cuidadosamente las escenas del crimen sin conseguir nada.

Irónicamente, Bundy trabajaba en el Departamento de Servicios de Emergencia del Estado de Washington, una agencia que participaba en la búsqueda de las mujeres desaparecidas, pero nadie de allí consideró oportuno plantear ninguna pregunta.

Fue en este lugar de trabajo donde conoció a Carole Anne Boone, que desempeñaría un papel único en la última fase de su vida.

La cobertura periodística y televisiva de las víctimas desaparecidas y de la naturaleza brutal de las escenas del crimen fue tremenda en los dos estados donde habían residido las víctimas. El miedo hizo que disminuyera el número de mujeres jóvenes que hacían autostop, y la presión del público creció al percibir que las fuerzas del orden no estaban haciendo lo suficiente para encontrar al asesino. Las manos de la policía estaban atadas, ya que no podían revelar información que pudiera comprometer la investigación.

Había una lista creciente de similitudes entre las víctimas.

Los secuestros tenían lugar al anochecer, a menudo cerca de las obras de construcción. El horario se orientaba hacia los exámenes parciales o finales y muchas de las víctimas eran estudiantes universitarios. Se observó que todas las víctimas llevaban pantalones de vestir o vaqueros. La mayoría de las veces, la imagen del sospechoso observada en las escenas del crimen era la de un hombre que conducía un Volkswagen Beetle con el brazo escayolado o en cabestrillo.

La policía publicó volantes que incluían un retrato robot, y los publicó en los periódicos y los emitió por televisión. Poco después, Elizabeth Kloepfer, Ann Rule, una compañera de trabajo de Bundy en DES y un profesor de la Universidad de Washington reconocieron el perfil, el retrato robot y el coche, lo que les llevó a denunciar a Bundy como posible sospechoso.

Elizabeth Kloepfer conoció a Bundy en 1969 y ambos comenzaron una relación de pareja. La tumultuosa relación duró 7 años. Kloepfer acabó poniéndose en contacto con la policía y describió lo que ella consideraba un comportamiento inusual de Bundy que habría sido coherente con el del asesino. Le dijo a la policía que Bundy salía mucho por la noche y que no sabía a dónde iba o qué hacía en esos momentos. También mencionó que encontró cosas que no entendía. Llevaba una llave inglesa, un par de muletas, un cuchillo oriental y una cuchilla de carne. Además, señaló el parecido entre Bundy y el retrato robot publicado por la policía, pero a pesar de ello la policía no pensó que las pruebas que ofrecía fueran lo suficientemente sustanciales como para prestar atención a Bundy como sospechoso.

Rule se cruzó con Bundy en 1971 a través de la línea de atención a la crisis por suicidio, en la que ambos se ofrecían como voluntarios y asesoraban a las personas que llamaban. Se hicieron amigos al instante, y ella recuerda que él le llevaba café. Las figuras políticas locales, incluido el fiscal del distrito, lo conocían y hablaban bien de él. La propia Rule estaba algo encaprichada con él, llegando a sugerir que si fuera un poco más joven le habría parecido perfecto que su hija saliera con él. En 1974, Rule empezó a trabajar como reportera en la región y comenzó a seguir la secuencia de asesinatos buscando contribuir con historias relacionadas. Allí se enteró de que un testigo había oído al sospechoso referirse a sí mismo como "Ted" y que la policía creía que conducía un Volkswagen Beetle.

Rule no estaba segura de este último detalle, pero la descripción dada coincidía considerablemente con la de Bundy que ella recordaba de sus días en la línea de ayuda al suicidio, y llamó a un oficial con el que estaba familiarizada. Cuando el agente le devolvió la llamada, se enteró de que Bundy era efectivamente el propietario de un Volkswagen. La policía ignoró la pista de Rule y Bundy siguió matando.

En agosto de 1974, Bundy fue aceptado de nuevo en la Facultad de Derecho de la Universidad de Utah y se trasladó de Seattle a Salt Lake City. En menos de un mes, comenzó a matar de nuevo. En noviembre se denunció la desaparición de varias jóvenes en pueblos de los alrededores de Salt Lake City.

Kloepfer volvió a ponerse en contacto con la policía del condado de King y fue entrevistado por un detective.

En ese momento la condición de sospechoso de Bundy había empezado a cambiar, aunque el testigo más creíble no pudo elegir a Bundy en una rueda de reconocimiento fotográfica. Kloepfer hizo una tercera llamada, esta vez a la oficina del sheriff del condado de Salt Lake, y ofreció una pista. No había pruebas que lo relacionaran con las personas desaparecidas en Utah, y no se hizo nada más que añadirlo a la lista de sospechosos. En enero de 1975, Bundy volvió a visitar a Kloepfer en Seattle y pasó una semana con ella. Ella aceptó visitarlo en Salt Lake City en agosto.

. . .

En ese momento, la matanza de Bundy se trasladó al este, a Colorado. Entre el 12 de enero y el 6 de abril, Bundy mató a tres mujeres en ese estado y añadió una cuarta a su cuenta mensual con Lynette Culver, de 12 años, de Pocatello, Idaho. Siguió pasando tiempo con amigos y conocidos, y muchos de los que le conocían tenían crecientes sospechas sobre su implicación en la desaparición y el asesinato de las numerosas jóvenes que iban en aumento. En mayo recibió la visita en Salt Lake City de tres de sus antiguos compañeros de trabajo en el Washington State DES, entre ellos Carole Ann Boone.

En junio, Bundy volvió a pasar una semana en Seattle con Kloepfer y empezaron a discutir sobre la posibilidad de casarse, a pesar de que Bundy mantenía un romance con Boone, además de salir con una estudiante de derecho de Utah.

Para entonces, las autoridades del Estado de Washington intentaban avanzar en el análisis de una gigantesca masa de datos utilizando un gran ordenador de nóminas propiedad del Condado de King. Tras muchas horas de tediosas entradas de datos, consultaron el ordenador, que generó cuatro listas distintas que contenían 26 nombres en común, uno de los cuales era Ted Bundy. Cada vez más, las señales apuntaban hacia Bundy.

8

El principio del fin: Los arrestos iniciales de Bundy

El 16 de agosto de 1975, un oficial de la Patrulla de Carreteras de Utah vio a Bundy cruzando en una zona residencial en las primeras horas de la mañana. Al ver el coche patrulla, Bundy arrancó a gran velocidad y el oficial lo persiguió y posteriormente lo arrestó. En el registro del Volkswagen de Bundy se encontraron un par de máscaras, una palanca, esposas, bolsas de basura, una cuerda, un picahielos y otros objetos sospechosos de haber sido utilizados en robos. Cuando se hizo la llamada y la descripción a la central, el vehículo y la descripción del sospechoso le resultaron familiares a un detective por la del secuestro de DaRonch del año anterior. El detective también había recordado los datos de Kloepfer de su llamada telefónica de diciembre anterior.

. . .

Un registro del apartamento de Bundy arrojó una guía de estaciones de esquí de Colorado con una misteriosa marca de verificación junto a la posada Wildwood, donde fue secuestrada Caryn Campbell, además de un folleto que anunciaba la obra de teatro del instituto Viewmont, en Bountiful, en la que Debra Kent fue vista por última vez. Estas pruebas se consideraron tal vez convincentes, pero no llegaron a ser incriminatorias. Tras el interrogatorio y el registro, Bundy fue puesto en libertad. La policía de Salt Lake City puso a Bundy bajo vigilancia las 24 horas del día y tres detectives volaron a Seattle para entrevistar a Kloepfer. Ésta les informó de que había encontrado varios objetos misteriosos en la casa, entre ellos muletas (Bundy nunca había tenido una lesión que requiriera su uso), una bolsa de yeso, un cuchillo para cortar carne que nunca se había utilizado en la cocina, guantes quirúrgicos, un cuchillo oriental y una gran cantidad de ropa de mujer.

También contó que Bundy se enfurecía rápidamente cuando se le preguntaba por un nuevo televisor y un equipo de música y que la amenazaba con "romperle el cuello" si se lo contaba a alguien. También contó que Bundy se ponía "muy molesto" si mencionaba la posibilidad de cortarse el pelo largo con raya en medio.

. . .

También mostraba un comportamiento extraño en la cama, ya que miraba bajo las sábanas, examinando su cuerpo. Guardaba una llave inglesa en el maletero de su coche, casualmente (o no) otro Volkswagen Beetle, que a veces tomaba prestado "por protección". Una entrevista de seguimiento con otro detective reveló la relación entre Bundy y Stephanie Brooks.

En septiembre, Bundy vendió su coche a un residente de Midvale y, posteriormente, la policía de Utah lo confiscó.

Fue desmontado y registrado por el FBI, que encontró cabellos que coincidían con una muestra tomada del cuerpo de Caryn Campbell. Se determinó que otras hebras de cabello eran las de Melissa Smith y Carol DaRonch. Una evaluación concisa ofrecida por un especialista del laboratorio federal señaló que la presencia de mechones de pelo en un vehículo que coincidían con tres víctimas distintas que nunca se habían conocido equivalía a "una coincidencia de rareza alucinante".

. . .

Bundy fue colocado en una rueda de reconocimiento ante Carol DaRonch, quien inmediatamente lo identificó como el individuo que se acercó a ella haciéndose pasar por un agente de seguridad en un intento de atraerla para secuestrarla.

Esto le llevó a ser acusado de secuestro con agravantes y de intento de agresión criminal. Asimismo, fue señalado por los testigos como la cara desconocida que se vio en el auditorio del instituto, aunque no hubo pruebas suficientes para relacionarlo con la desaparición de Debra Kent.

Después de que sus padres pagaran la fianza de 15.000 dólares, Bundy pasó la mayor parte del tiempo en Seattle como residente invitado en la casa de Kloepfer. La policía de Seattle lo mantuvo bajo estrecha vigilancia. En el intervalo entre su liberación y el posterior juicio por el secuestro de DaRonch, una serie de investigadores de cinco estados se reunieron en Aspen, Colorado. Se llegó a la conclusión de que tenían a su asesino, pero carecían de pruebas suficientes como para sustentar una acusación de asesinato.

Bundy compareció ante el tribunal a finales de febrero de 1976 y fue acusado por el secuestro de DaRonch.

Por consejo de su abogado, renunció a su derecho a un juicio con jurado y el juez le declaró culpable de los cargos de secuestro y agresión. Fue condenado a un máximo de 15 años en el sistema penitenciario del estado de Utah.

En octubre, después de que se le encontrara escondido en unos arbustos en posesión de materiales que pudieran facilitar su fuga, fue puesto en régimen de aislamiento.

Ese mismo mes, las autoridades de Colorado le acusaron del asesinato de Caryn Campbell y fue trasladado a Aspen en enero del año siguiente.

Un hombre difícil de seguir - Las fugas de Bundy

Bundy fue transportado el 7 de junio desde un centro de detención temporal a la corte del condado en Aspen para su audiencia preliminar. A pesar de la naturaleza de los cargos que se le imputan, el juez del caso no le exigió que llevara esposas ni grilletes en las piernas.

Bundy solicitó visitar la biblioteca del juzgado para investigar su caso. Utilizando una estantería para ocultarse, saltó por una ventana desde el segundo piso, lo que le provocó un esguince de tobillo. Se despojó de su capa exterior de ropa y caminó por Aspen y subió a la montaña de Aspen.

Irrumpió en un par de estructuras de acampada recreativa y procedió a deambular por la montaña, incapaz de encontrar el camino hacia su destino previsto.

Logró evadir a las autoridades que lo buscaban diligentemente hasta el día 6, cuando robó un coche y comenzó a entrar y salir de su carril. La policía detuvo a Bundy, que al parecer empezaba a sufrir privación de sueño, y lo volvieron a poner bajo custodia.

Una vez devuelto al confinamiento, Bundy procedió a actuar como su propio peor enemigo al ignorar el consejo de permanecer en la cárcel y esperar su juicio. El caso favorecía su absolución, ya que las mociones previas al juicio se resolvieron a su favor y se declararon inadmisibles algunas pruebas. Una absolución en Colorado habría disuadido a otros fiscales de presentar cargos sin pruebas sólidas, que eran difíciles de conseguir. Había muchas posibilidades de que Bundy hubiera recuperado su libertad con menos de dos años de condena por DaRonch.

Andar con pies de plomo no parecía ser el estilo de Bundy, así que en lugar de jugar la mano favorable optó por idear otro plan de fuga. Con la ayuda de un plano de la cárcel y una hoja de sierra para metales, determinó dónde tenía que serrar un agujero de un pie cuadrado entre las barras de refuerzo del techo y, tras una considerable pérdida de peso, pudo colarse a través de él en el espacio de arrastre.

En las semanas siguientes, después de completar la tarea de crear el agujero, hizo prácticas en un esfuerzo por familiarizarse con el edificio. La noche anterior a la Nochevieja, Bundy pudo aprovechar que el personal de la cárcel no estaba completo, lo que le permitió entrar en el espacio de arrastre y descender por el techo hasta el apartamento del carcelero jefe, que estaba vacante porque éste había salido con su familia por la noche. Tomo ropa de calle del armario del carcelero y procedió a salir por la parte delantera de la cárcel y lograr su segunda fuga.

. . .

Bundy robó un coche, que por desgracia para él se averió en la Interestatal 70. Un automovilista que pasaba por allí le recogió y le llevó a Vail, donde tomó un autobús a Denver. Desde allí voló a Chicago. No fue hasta después de 17 horas que se descubrió su fuga en Glenwood Springs. Bundy salió de Chicago hacia Ann Arbor, Michigan, en tren. Asistió al concurso de la Rose Bowl entre los Wolverines y su alma mater, la Universidad de Washington, en un bar local. Después de cinco días, robó un coche y se dirigió a Atlanta. En Atlanta subió a un autobús con destino a Tallahassee, donde llegó el 8 de enero. Bundy reflexionó sobre la posibilidad de escapar de su vida delictiva y buscar un empleo remunerado y abstenerse de cometer más actos de violencia. Sus posibilidades de pasar desapercibido eran bastante altas si no hacía nada que llamara la atención de la policía.

Abandonó un intento de conseguir trabajo en una obra cuando le pidieron que presentara su identificación y volvió a su hábito habitual de robar para cubrir sus necesidades.

. . .

Por desgracia, robar no fue el único hábito al que volvió.

Después de haber estado en la ciudad sólo una semana, Bundy entró en la casa de la hermandad Chi Omega de la Universidad Estatal de Florida alrededor de las 2:45 de la madrugada y atacó a 4 estudiantes en menos de 15 minutos, presumiblemente al alcance de 30 o más estudiantes que informaron de que no habían oído nada. En su siguiente parada, Bundy dejó pruebas incriminatorias en su ataque a Cheryl Thomas, ya que la policía recogió semen y cabellos que posteriormente se determinó que coincidían con los de Bundy. Lamentablemente, Bundy no había terminado. El 8 de febrero, Bundy robó una furgoneta de la universidad y condujo hasta Jacksonville.

Intentó secuestrar a una joven de 14 años, pero sus esfuerzos se vieron frustrados por la llegada de su hermano mayor. Esa misma tarde se dirigió a Lake City, donde secuestró a Kimberly Leach, de 12 años, en el campus de una escuela y, tras matarla, arrojó sus restos en unas instalaciones para cerdos a 35 millas de distancia.

Bundy decidió abandonar Tallahassee el 12 de

febrero y se dirigió hacia el oeste por la región de Panhandle. El día 15 fue detenido por un agente de policía de Pensacola cerca de la frontera del estado de Alabama, después de que una comprobación de la etiqueta revelara que su Volkswagen Beetle estaba denunciado como robado. Tras ser informado que estaba siendo arrestado, Bundy le quitó las piernas al policía y se dio a la fuga. Una refriega física entre Bundy y el agente terminó con Bundy sometido y detenido. El coche robado contenía una montaña de pruebas incriminatorias, entre ellas los documentos de identidad de tres miembros de la hermandad de la FSU y el disfraz que llevaba cuando intentó secuestrar a la adolescente de Jacksonville.

9

Su propio juez, jurado y verdugo

Cuando se le acusó de las agresiones y los homicidios de los miembros de la hermandad de la Universidad del Estado de Florida, la reputación de Bundy como criminal violento estaba creciendo rápidamente. Su juicio, que se trasladó a Miami, se emitió en todo el país por televisión. Más de 250 periodistas, muchos de ellos de otros países, cubrieron el proceso judicial.

La mayoría de los acusados que se enfrentan a un juicio por múltiples cargos de asesinato que podrían enviarles al corredor de la muerte suelen contentarse con seguir el consejo de su abogado. Suelen declararse tal y como les sugieren sus abogados, y se acogen a cualquier acuerdo de culpabilidad que se pueda alcanzar, ya que es su billete para evitar la pena de muerte.

. . .

Bundy adoptó decididamente un enfoque diferente, uno que aparentemente arrebató la derrota de las fauces de la victoria.

Al igual que Bundy ignoró los consejos previos de amigos y profesionales cuando fue detenido en Utah, adoptó un enfoque similar hacia su juicio y los cargos a los que se enfrentaba en Florida. Su equipo de defensa había negociado un acuerdo en el que, a cambio de su confesión y declaración de culpabilidad en los asesinatos de Bowman, Leach y Levy, evitaría la pena de muerte y recibiría una condena de 75 años de prisión. Esta opción haría algo más que permitirle evitar la pena de muerte, ya que después de que pasaran algunos años y los testigos murieran o perdieran su capacidad de recordar detalles, podría presentar una moción posterior a la condena que le daría la absolución. Todo estaba preparado para este escenario cuando Bundy decidió en el último momento rechazar la oferta. El defensor público de su caso, Mike Minerva, creía que se trataba de una impensable admisión de culpabilidad que Bundy no podía superar para aceptar la declaración.

. . .

La decisión de Bundy le llevó rápidamente a la desaparición a la luz de las pruebas en su contra.

Un miembro de la hermandad Chi Omega identificó a Bundy como el individuo extraño que vio en las inmediaciones de la casa de la hermandad la noche de los ataques. Otro declaró haberle visto salir de la casa de la hermandad llevando el arma homicida. Los odontólogos forenses confirmaron que los moldes de los dientes de Bundy coincidían con las marcas de mordiscos dejadas en la nalga de Lisa Levy. La deliberación duró menos de 7 horas antes de emitir una condena el 24 de julio por los asesinatos de Bowman y Levy, tres cargos de intento de asesinato en primer grado y dos cargos de robo. Las condenas por asesinato dieron lugar a la pena de muerte.

Bundy fue a juicio seis meses después por secuestrar y matar a Kimberly Leach. La deliberación duró menos de ocho horas y se emitió un veredicto de culpabilidad. La principal prueba contra él fue el testimonio de un testigo ocular que le observó conduciendo a Leach a su furgoneta robada. También estaba la prueba material de las fibras de la chaqueta de Bundy que coincidían con las encontradas en su furgoneta, así como una muestra obtenida del cuerpo de Leach. En otro extraño giro, Bundy decidió hacer una propuesta de matrimonio a su antigua compañera de trabajo en el Washington State DES, Carol Ann Boone. Boone, que se había trasladado a Florida para poder estar más cerca de Bundy, testificó a favor de éste en ambos juicios.

Una ley poco conocida de Florida establecía que una declaración de matrimonio en un tribunal en presencia de un juez era un matrimonio legal. Boone aceptó y Bundy proclamó ante el tribunal que ahora eran marido y mujer.

Al parecer, el jurado tuvo poca simpatía por los recién casados, ya que Boone recibió su tercera condena a muerte el 10 de febrero de 1980.

Decisiones del corredor de la muerte

Después de que se dictaran sus sentencias de muerte, comenzó el largo proceso de apelación, que duró años. Durante este período, Bundy fue entrevistado por numerosas personas, algunas de ellas a petición suya y otras por quienes buscaban comprender la mente y el proceso de pensamiento de un asesino en serie. Bundy sería incluso consultado para ayudar a los investigadores que trataban de resolver otros asesinatos conectados que llevaban las marcas de un asesino en serie.

Una de las primeras confirmaciones de Bundy fue que su hábito y comportamiento como ladrón era su principal dependencia para obtener la mayoría de sus posesiones materiales y la forma de satisfacer sus necesidades.

Afirmaba haber robado cosas principalmente para darle un sentido de posesión y propiedad. Tomar algo y reclamarlo como propio le daba un mayor sentido de posesión que si lo hubiera obtenido honestamente. Extendió este punto de vista a las víctimas de sus asaltos.

Al principio, los asesinatos se cometían por necesidad, para evitar ser atrapado. Las agresiones sexuales que cometía sobre las víctimas moribundas o los actos de necrofilia cometidos sobre los cadáveres le permitían alcanzar la "posesión total" de sus víctimas. Esto explicaba su inclinación a volver a casa poseyendo cráneos y también sus viajes de ida y vuelta a los vertederos donde vestía a los fallecidos con ropa de su elección o les pintaba las uñas. En otra entrevista, Bundy habló de cómo las víctimas se convirtieron en una parte de él. El asesino y la víctima son dos que se convierten en uno. Los lugares donde los dejaba se convertían en sitios sagrados, y él quería volver a esos sitios para revivir la experiencia.

Bundy describió una evolución en la naturaleza de sus asesinatos, utilizando términos como "impulsivo" y "aficionado" para describir los asesinatos de sus primeros años, y luego una transformación al estatus de "primo" o "depredador" para 1974.

Bundy procedió a describir con horrible detalle cómo se dedicaba a secuestrar, agredir violentamente y torturar a sus víctimas. Afirmó haber arrojado la cabeza de una víctima a la chimenea de su amiga Elizabeth Kloepfer.

Describió detalladamente cómo atrajo, sometió y agredió a una víctima y luego pasó la noche con su cuerpo. Posteriormente visitó el cuerpo en tres ocasiones diferentes. El testimonio de Bundy confirmó a los patólogos criminales que estaba totalmente consumido por el asesinato en todo momento. Sus crímenes fueron cometidos con absoluta misoginia, mostrando una rabia contra las mujeres que surgía de lo más profundo de su ser y que nunca cedía.

Describió que llevaba a las víctimas de Utah a su apartamento "donde podía recrear los escenarios representados en las portadas de las revistas de detectives".

Un nuevo motivo surgió en los interrogatorios y entrevistas con las autoridades de Utah y Colorado. Al parecer, Bundy intentaba conseguir una suspensión de la ejecución ocultando detalles y afirmando que había más víctimas que no habían sido identificadas. Las autoridades no dieron pie a ello, ya que los detalles ofrecidos no aportaron información adicional y, en la mayoría de los casos, no se recuperaron nuevas pruebas o restos.

Un investigador interpretó este intento de Bundy como un conflicto entre sus esfuerzos por evitar la ejecución y no renunciar a su "posesión total" de estas víctimas revelando la ubicación sagrada de sus restos, algo que sólo él poseía.

. . .

Confesiones y nuevas revelaciones

Una vez agotadas todas sus apelaciones y sin más incentivos para negar los horribles actos que había cometido, Bundy optó por hablar con los investigadores que buscaban completar numerosos casos sin resolver y asesinatos sin resolver. Fue el principal sospechoso de ocho homicidios en Washington y Oregón, sobre los que ofreció una confesión. Proporcionó información que resolvió la desaparición de otras tres víctimas en Washington y dos en Oregón. Hubo varios asesinatos adicionales en Idaho, Utah y Colorado que las autoridades desconocían. Como último intento de conseguir una suspensión de la ejecución, los partidarios de Bundy pidieron a las familias de algunas de las víctimas de Colorado y Utah que intercedieran y solicitaran al gobernador de Florida un aplazamiento que diera tiempo a Bundy a revelar más información que permitiera recuperar los restos de sus seres queridos.

Las familias se negaron, alegando que creían que las víctimas estaban muertas y que Ted Bundy era el responsable. Desde su perspectiva, el único que podía ganar algo significativo era Bundy.

La caza del asesino de Green River

Un día de verano de 1982, aparecieron en las orillas del río Green los dos primeros cadáveres de una racha de asesinatos que no se resolvería en dos décadas. Al final, Gary Ridgway confesaría más de 40 asesinatos, cuyas víctimas eran prostitutas y personas de la calle que él consideraba miembros inútiles de la sociedad a los que nadie echaría de menos. Consiguió eludir a las autoridades que trabajaban en los casos de personas desaparecidas y, posteriormente, a las víctimas de asesinato cuando se descubrieron sus restos.

Un día de octubre de 1984, el detective Robert Keppel intentaba revisar una pila de papeles en su escritorio cuando otro detective se acercó, entregando en mano una carta a petición de un juez, escrita por alguien que ofrecía su perspectiva sobre los asesinatos de Green River que habían creado el último revuelo en el área de Seattle.

. . .

La carta era de Ted Bundy, un hecho que sorprendió a Keppel. Keppel y un compañero detective, Dave Reichert, discutieron el asunto y llegaron a la conclusión de que no tenían nada que perder si hablaban con Bundy, que bien podría ofrecerles una mirada a la mente de un asesino en serie y así arrojar luz sobre lo que se necesitaría para atraparlo. Siguieron una serie de reuniones y Bundy llegó a apodar al sospechoso de los asesinatos de Green River como "el hombre del río". Bundy transmitió algo de su propio comportamiento hacia sus víctimas cuando recalcó a los investigadores visitantes lo importante que era vigilar un cuerpo fresco si alguna vez aparecía uno. Es probable que el asesino volviera al lugar para mantener relaciones sexuales con el cadáver o para pasar tiempo con una víctima de la que tuviera posesión exclusiva después del asesinato.

Reichert observó que Bundy y Ridgway compartían algunas características. Parecían poseer un barniz de inteligencia y astucia, pero en el fondo eran tristes, patéticos y sin pretensiones. Ambos eran cazadores en busca de control y poder sobre sus víctimas. No había ningún remordimiento aparente por lo que les hacían a las víctimas y no había ningún sentimiento medible ni siquiera por los miembros de la familia o por los que, según todas las apariencias, se considerarían amigos, dada la cantidad de tiempo que pasaban con ellos.

¿Por qué tardó tanto la aprehensión de Bundy?

Hay numerosos factores y consideraciones que complican la investigación de un asesinato en serie, el primero de ellos es que se tarda un tiempo (y varios ascsinatos) en llegar a la conclusión de que lo que se tiene entre manos es un asesino en masa. En el caso de Bundy, había matado a ocho mujeres antes de que las autoridades se plantearan la idea de que probablemente tenían a un reincidente entre manos. Pasaron meses antes de que los casos de personas desaparecidas se convirtieran en investigaciones de homicidio a medida que se iban encontrando restos y se informaba a las autoridades. Esto da tiempo a un asesino en serie como Bundy, que casi no tiene otra motivación en su punto de mira que matar y aumentar sus posesiones, a matar una y otra vez. Cuando las autoridades del noroeste del Pacífico se centraron en Bundy, éste ya había empezado a matar en Utah y Colorado.

. . .

Un problema que no es exclusivo de este caso, pero que ciertamente se manifiesta cuando los asesinatos se llevan a cabo en múltiples jurisdicciones en las que participan varios organismos encargados de la responsabilidad de detener al sospechoso y resolver el crimen, es la coordinación y la comunicación.

En los asesinatos cometidos en la zona de Seattle y en la zona de Oregón, hubo nada menos que cinco organismos distintos implicados desde el principio. Además de estar separados por la distancia y las barreras geográficas físicas, había problemas de comunicación. Cada organismo policial tenía métodos de procedimiento y prioridades diferentes. La información sobre las novedades no se difundía a todos los organismos en el mismo tiempo. La falta de estandarización general se extendía a la forma en que los distintos organismos llevaban a cabo las investigaciones, lo que influía especialmente. Cuando se trata de un mismo asesino en múltiples jurisdicciones, habría sido especialmente útil un formulario de investigación estandarizado que siguiera las pistas y los indicios de manera que permitiera las comparaciones y el análisis sistemático.

. . .

La investigación de un asesino en serie requiere un enfoque diferente al de los homicidios tradicionales. En un homicidio tradicional, suele haber cierto nivel de familiaridad entre la víctima y su asesino. O bien están emparentados, tienen una relación, o han estado previamente involucrados el uno con el otro en alguna capacidad perceptible y conocida. Antes de que surgiera un patrón de que las víctimas compartían ciertas características comunes aparentemente superfluas, como el pelo largo con raya en medio, el proceso de interrogación de los allegados tuvo que ser honrado.

Esto también crea un lapso de tiempo que casi inevitablemente da lugar a que se cometan más asesinatos.

Una peculiaridad en el caso de Bundy fue su capacidad camaleónica de aparecer diferente en casi todas las fotografías compartidas con el público y los posibles testigos.

Para los testigos que lo vieron en las proximidades de sus primeros asesinatos en el área de Seattle, las fotos que les mostraron no se parecían al hombre que vieron en el lugar donde las víctimas habían desaparecido.

. . .

Una vez que se llega al consenso de que un asesino en serie anda suelto y que su actividad se extiende a varias jurisdicciones, se puede reunir un grupo de trabajo formado por varios organismos. La formación de dicho grupo de trabajo admite que un grupo de organismos esté de acuerdo en cuanto a la naturaleza del problema, que es el primer obstáculo que debe superarse para que los esfuerzos de colaboración sean productivos. Así se minimiza la pérdida de tiempo y se da importancia a lo que es fundamental para el propósito a largo plazo de la investigación.

En una investigación de un asesinato en serie, el verdadero sospechoso suele estar entre los nombres que aparecen al principio. Esto es algo que la revisión del caso Bundy confirmó y que se confirmaría en otras investigaciones de asesinatos en serie. En el caso de Bundy, su nombre fue denunciado tres veces diferentes por una de sus novias.

Los investigadores que trabajaban en los asesinatos del área de Seattle acabaron recurriendo al ordenador de nóminas del condado de King para que les ayudara a crear listas de sospechosos que redujeran la búsqueda del asesino. Consultaron al ordenador para que les indicara los rasgos comunes de las víctimas. La máquina generó cuatro listas, en las que la de Bundy y otras veinticinco aparecían en las cuatro. Aunque el análisis de este primitivo ordenador, según los estándares modernos, fue útil, no se puede comparar con los análisis que podría realizar la tecnología actual. Ahora los ordenadores son fundamentales para detener a los asesinos en serie y el hecho de que las bases de datos se compartan y conecten a través de Internet añade un poder considerable a lo que pueden hacer.

10

Ejecución

TED BUNDY FUE EJECUTADO en la silla eléctrica el 24 de enero de 1989, en una prisión estatal de Florida, en la ciudad de Starke, a las 7:16 de la mañana. Tenía 42 años de edad. En el exterior del centro penitenciario, los policías fuera de servicio y los defensores de la pena de muerte vitorearon salvajemente la noticia de su fallecimiento. Bundy fue descrito como "un caso perdido emocional" en los días previos a su ejecución. Pasó sus últimas horas rezando en compañía de un ministro metodista. Se le ofreció una última comida de filete y huevos, que rechazó. Lloró mientras los funcionarios de la prisión le afeitaban la cabeza y la pierna derecha antes de entrar en la cámara donde moriría.

. . .

Se observó con interés que Carol Ann Boone, la antigua empleada del DES del Estado de Washington que se había hecho amiga de Bundy en sus días de compañera de trabajo, al enterarse de las confesiones de Bundy optó por abandonarlo. La incredulidad de que Bundy pudiera ser culpable de los presuntos actos atroces de los que le había defendido con firmeza era tan grande que recogió sus pertenencias y se trasladó a Washington, donde se negó a aceptar su última llamada telefónica antes de la ejecución. También se cree que estaba emocionalmente herida por su relación con Diana Weiner, una joven abogada de Florida. La biógrafa Ann Rule se lamentaría más tarde de que muchas mujeres jóvenes dijeran sentirse tan dolidas y perdidas tras la ejecución de Bundy, incapaces de darse cuenta de que la fina capa de encanto y carisma era poco más que un disfraz para el monstruo que llevaba dentro y que era incapaz de sentir nada más que el deseo de controlarlas matándolas.

Bundy reconoció a los amigos, a un ministro y a su abogado que estaban sentados fuera de la cámara y a los que vio a través de una ventana de plexiglás con un movimiento de cabeza. Ofreció una sonrisa a los fiscales que le habían condenado. Cuatro guardias lo ataron a la silla eléctrica y el supervisor de la prisión le preguntó si tenía unas últimas palabras. "Sí", respondió a su ministro y a su abogado, "me gustaría que dieran mi amor a mi familia y amigos". Le quitaron el micrófono y le cubrieron la cara con una capucha de cuero negro. Se le colocaron electrodos en la pierna y la cabeza afeitadas.

El supervisor de la prisión comprobó el teléfono para ver si se había concedido un aplazamiento. No había ninguna. Dio una señal al verdugo encapuchado que pulsó el interruptor, enviando 2.000 voltios al cuerpo de Bundy a las 7:06 am. Fue declarado muerto 10 minutos más tarde.

Las familias de las víctimas: Sentimientos y cierre

Durante el primer mes después de la desaparición de su hija en el aparcamiento del instituto Viewmont de Bountiful, Utah, la madre de Debi Kent dormía en el sofá cerca de la ventana que daba a la calle de al lado. Tenía un sueño recurrente en el que alguien pasaba en coche y dejaba el cuerpo de su hija desaparecida en el jardín delantero. Se despertaba de repente y se asomaba a la oscuridad, pero no había nada. Los meses se convirtieron en años y, finalmente, después de una década, compraron una parcela para el entierro. Tres años más tarde levantaron una lápida. Catorce años después de su desaparición, Ted Bundy confesó haber matado y enterrado sus restos. La familia se levantó al amanecer de la mañana de su ejecución. No hubo gran alivio, ni ciertamente júbilo. La hermana menor de Debi pensó que sentiría alivio, pero en cambio se encontró con un sentimiento de vacío interior.

La madre de Debi expresó su simpatía por la madre de Bundy, exclamando que sentía mucha pena por una mujer que podía criar a un niño como Bundy y no tener forma de saberlo.

Los miembros de la casa de la hermandad Chi Omega del Estado de Florida recordaban los detalles de la noche de los espantosos ataques como si fueran ayer en la fecha de la ejecución de Bundy. Las compañeras de habitación de las víctimas señalaron que todos acababan de regresar de las vacaciones de Navidad y que todos se saludaban y se daban las buenas noches de forma casual. Durante los últimos once años, los miembros de la hermandad y algunas de las víctimas siguen frustrados al tratar de entender por qué no habrían escuchado algo que les hubiera alertado de la situación de sus amigos moribundos y cualquier cosa que les hubiera permitido ayudarles antes de que fuera demasiado tarde. Sólo un fino muro separaba a las víctimas de aquellos que tan fácilmente habrían acudido en su ayuda. La visión de las víctimas del asalto saliendo a trompicones al pasillo o yaciendo cubiertas de sangre sin vida en sus camas es un recuerdo que vuelve con frecuencia. La experiencia fue demasiado para Valerie Duke, que abandonó la escuela y posteriormente se suicidó.

Los efectos que perduraron a lo largo de los años incluyeron un inmenso dolor y carreras descarriladas, así como la frustración con la policía y el personal de emergencia que buscó más víctimas en lugar de llevar inmediatamente a Lisa Levy al hospital. La policía les dijo que se mantuvieran alejados y que no hablaran del caso, dejando que se sintieran víctimas de quienes se suponía que debían acudir en su ayuda. Un miembro de la hermandad señaló el dominio de la ley de Bundy cuando la interrogó durante una declaración previa al juicio. Bundy fue capaz incluso de recordar detalles como preguntarle dónde estaba colocado su cubo de basura, que estaba contra la puerta para evitar que se cerrara de golpe. Las hermanas sienten que fue una injusticia que sus compañeras de hermandad murieran de forma tan horrible y violenta a una edad tan temprana. En la víspera de la ejecución de Bundy, una de ellas dijo: "Estoy segura de que mañana por la mañana seré un desastre, pero voy a trabajar como siempre". Por fin, para todas las familias de sus víctimas, después de todo este tiempo, habrá algo de tranquilidad".

Conclusión

La mayoría de las personas que no estaban vivas o no tenían la edad suficiente para recordar la naturaleza gráfica de los actos de Bundy contra la humanidad no pueden comprender cómo es posible que un ser humano capaz de funcionar de forma independiente carezca de la empatía y la conciencia que le permitan cometer tales actos. Bundy, en los últimos días que pasó confesando sus actos y dando cuenta de las cosas que influyeron en su comportamiento, hizo referencia a su infancia y a sus circunstancias menos que ideales, como el hecho de no conocer a su padre biológico y su incapacidad para integrarse socialmente durante una fase de la vida en la adolescencia en la que las personas son muy interactivas.

. . .

Para los que hacen un inventario de la historia de la vida temprana de Bundy, parece que la mano que le tocó jugar tenía su parte de dificultades, pero nada tan problemático como para explicar el giro sociopático hacia la vida de violencia que vivió. Antes de que terminara su ronda inicial de asesinatos en la zona de Seattle, las personas más cercanas a Bundy empezaron a intuir que el brillante y elocuente estudiante de derecho podría ser, de alguna manera, el horrible asesino cuyo perfil estaba siendo difundido por la policía. Las propias autoridades pensaban que era demasiado limpio y educado para ser alguien que cayera tan bajo como para agredir viciosamente a las mujeres con objetos contundentes mientras dormían y luego proceder a agredirlas sexualmente y volver a tener sexo con sus cadáveres donde los había dejado para que se descompusieran. Incluso una vez que las autoridades consiguieron presentar las pruebas necesarias para detenerlo y enviarlo a juicio, volvieron a subestimar su capacidad de evasión, ya que logró dos fugas impresionantes, la segunda de las cuales resultó decisiva, ya que una vez más intentó satisfacer su apetito de matar.

Resultaría ser su última serie de asesinatos de mujeres jóvenes a las que nunca había conocido, todas ellas arrebatadas a su familia y amigos en la flor de la vida.

El deseo de control de Bundy resultó ser su perdición, ya que consiguió rechazar un acuerdo de culpabilidad que le garantizaría la conservación de su vida, aunque tras las rejas de la cárcel durante la mayor parte o todo el resto de su vida.

En lugar de ello, puso su destino en manos de un juez de Florida que, en consecuencia, le impuso la pena de muerte. Sus últimos años de vida incluyeron confesiones de asesinato que ayudaron a poner fin al destino de varias víctimas, dando a sus familias la mejor tranquilidad y cierre que podía ofrecer el conocimiento de la naturaleza de su muerte. Su ejecución, el 24 de enero de 1989, fue aplaudida abiertamente por quienes defendían la pena de muerte como defensores del enfoque de la justicia del "ojo por ojo", pero sorprendentemente fue aplaudida con menos júbilo por aquellos cuyo vacío no se llenó cuando se le quitó a él lo que tan desconsideradamente había quitado a otros.

Sin ninguna duda es prioritario tomar diferentes acciones para reducir la reincidencia de los delincuentes sexuales que en verdad constituyen una amenaza.

. . .

En primer lugar, ha de tenerse en cuenta de modo sistemático el riesgo de reincidencia. En la actualidad existen métodos para predecir ese riesgo, métodos que de modo razonable permiten seleccionar a los sujetos que pueden disfrutar de beneficios penitenciarios o de una medida alternativa.

Aquí tendrá que tenerse en cuenta lo que conocemos sobre los factores de riesgo, en particular la presencia del trastorno de la psicopatía y de una desviación sexual o parafilia: qué duda cabe que canalizar exclusivamente la energía sexual hacia los niños es algo difícil de controlar si no se recibe ayuda, e igualmente la propensión a unir sexo con violencia y control, algo tan querido por los delincuentes sádicos. La segunda acción tiene que ver con los programas de tratamiento. En contra de la opinión popular, hay «tratamientos que funcionan». En la importante revisión sobre tratamiento de Schumucker y Lósel se pudo constatar que el tratamiento fuera de las prisiones, realizado con sujetos de riesgo bajo o moderado, alcanza resultados al menos igual de buenos que el llevado a cabo en las cárceles. Lo que sí resulta apropiado es que el programa ofrecido sea específicamente diseñado para esta población, así como que se concluya en su integridad, y que sea aceptado de forma voluntaria.

• • •

¿Qué podemos decir sobre la supervisión en la comunidad? Creo que los resultados señalan que dicha supervisión ha de ser facilitadora de la integración, y no un obstáculo para ella. Ha de tenerse en cuenta que el control y la ayuda no son incompatibles: cuando alguien especializado está pendiente de ayudar a otra persona también conoce su deambular.

Las experiencias que tenemos hasta la fecha con medidas de control en la comunidad de índole restrictiva y facilitadora del vigilantismo no han demostrado empíricamente ser efectivas.

Quizá la clave sea, de nuevo, discriminar. Algunos delincuentes sexuales son muy peligrosos y no creo que sea inconveniente retenerlos largo tiempo en prisión. Pero muchos no lo son, y se pueden ver beneficiados por programas que contemplen una supervisión razonablemente cercana en la comunidad que vaya unida a un apoyo en su proceso de reintegración.

• • •

En España, El Búho representa a un personaje bien conocido en la criminología forense: el violador en serie con la etiqueta de psicópata sexual. Ellos son muy conscientes de su actividad criminal, planifican con detalle los asaltos y buscan escapar de patrones geográficos definidos que sirvan para que la policía pueda prever con antelación dónde van a cometer la próxima agresión. A diferencia de otros violadores en serie que están menos integrados socialmente y que tienen una menor inteligencia, estos psicópatas son más temibles porque son capaces de vivir una «doble vida» con toda naturalidad, sabedores de que esa fachada de empleado, hijo y novio es la mejor mascarada para cubrir su impulso implacable de sentir placer y control en el sufrimiento y la vejación de sus víctimas.

Ese control se reflejaba en la víctima elegida, el dominio del tiempo y del lugar donde atacar. Es también clásico su proceder, con un modus operandi definido: aproximación por la espalda mientras la víctima camina hacia su casa sola o está a punto de entrar en el portal, amenaza con la navaja para lograr su control y luego forzarla a caminar hacia el lugar seleccionado previamente para la agresión, con los ojos tapados. Las víctimas han dicho que hablaba mucho, que preguntaba al tiempo que las violentaba: he ahí una parte sustancial de su firma (los actos no necesarios para cometer la agresión). Con ello el violador experimentaba una intimidad con la chica y alimentaba su fantasía para recrearse posteriormente en el asalto, en la espera nerviosa hasta la siguiente víctima.

¿Podría con el tiempo haber llegado al asesinato? Felizmente, esto es algo que ya no vamos a averiguar, al menos durante mucho tiempo. La amenaza de este sujeto podría verse reducida si recibiera terapia específica para controlar su impulso violento sexual. Al presentar rasgos propios de la psicopatía tendrían que arbitrarse medidas de supervisión en la comunidad cuando saliera, pero no necesariamente tan intrusivas como las ya enunciadas, porque no son más efectivas, como hemos tenido oportunidad de ver.

El psicópata (que no es un asesino en serie) no necesita que alguien esté todo el tiempo impidiendo su vida normal, sino saber que una nueva agresión sexual pondría su nombre en primer lugar en la investigación policial.

El constante cambio que se va produciendo en la sociedad actual, representado en gran medida por Internet y por las nuevas tecnologías, lleva aparejado un descenso de las relaciones sociales, hecho que podría provocar un creciente abandono de aquella empatía que resultaría imprescindible para discernir entre las posibles consecuencias negativas de una determinada acción criminal.

La estructura cultural en la que se mueve una amplia vertiente de la sociedad está intrínsecamente relacionada con la figura del asesino en serie. Como se puede apreciar, el mundo cinematográfico mantiene una estrecha correspondencia con estos sujetos, ya que existe una amplia gama de películas que versan sobre los mismos, incrementándose década tras década considerablemente.

Pero los asesinos en serie han servido de inspiración no solo al cine, sino también a otros elementos fundamentales de la sapiencia general, como podría ser la literatura, la música o el arte, debiendo destacar que también se produce una interacción recíproca; es decir, los criminales pueden utilizar estas herramientas culturales para poder exteriorizar el sentir criminal que padecen. Un claro ejemplo se podría observar en la figura de determinados asesinos en serie, quienes llevan a cabo sus acciones sirviéndose de determinadas obras musicales que les sirven de inspiración, como es el caso de Richard Ramirez, quien escuchaba canciones del grupo "AC/DC" mientras cometía los crímenes.

Resulta muy difícil poder aseverar el motivo por el cual estos crímenes se producen en mayor medida en Estados Unidos. No obstante, los elevados índices de competitividad, así como el miedo al fracaso personal pueden ser vistos como los principales mecanismos intrínsecos que sirven para poner en marcha la maquinaria criminal que se va desarrollando poco a poco en el interior del sujeto.

Sea como fuere, teniendo presentes los resultados obtenidos a lo largo de todo el estudio realizado, se puede apreciar como existe una estrecha relación entre la posesión de armas de fuego y los principales métodos utilizados para poder llevar a cabo estas acciones delictivas, dato que señalará una clara interacción entre ambas variables, pudiendo coadyuvar en su sobrerrepresentación en Estados Unidos.

La creación del término "asesinos en serie" fue un verdadero acierto por parte de Ressler, ya que inicialmente se obviaba a un grupo potencial de posibles infractores, como podían ser los familiares o personas allegadas a las víctimas. En este sentido, su implantación genera una visión más global acerca de estos criminales, dejando de lado las posibles desigualdades suscitadas por la anterior expresión. Por ello, resulta conveniente destacar que estos criminales pasarían a ser etiquetados por determinados sectores como personas extremadamente violentas, acontecimiento que podría suponer un posible estigma en dichos individuos, dependiendo de la vulnerabilidad interna del mismo.

Esta aplicación terminológica conllevaría la necesidad de aunar investigaciones y concretar la aplicación de una definición especifica, dejando relegadas las posibles indagaciones que darían como resultado la generación de determinadas realidades que resultarían incongruentes.

Respecto a la cuantificación numérica que habría que utilizar para marcar las diferentes pautas a seguir en la aplicación de dicho término, considero esencial establecer un mínimo de tres víctimas, dejando de lado las posibles conmutaciones numerarias que irían aportando diversos investigadores, máxime cuando resulta incongruente hablar de ciertas cifras que podrían llevar a un extremo demasiado elevado tal definición, ya que se estaría obviando la aplicación de dicha terminología a determinados criminales, quienes habrían cometido un número inferior de asesinatos al establecido por los investigadores que defienden esos valores tan exaltados, pero que a su vez han actuado de forma más violenta que otros que presentan mayores tasas delictivas. En el lado opuesto, se encontrarían aquellos sujetos que no han llegado al mínimo requerido, habiendo cometido un total de dos asesinatos. En este sentido, considero que estos individuos deberían quedar englobados en la terminología referida a los "pseudo asesinos en serie", los cuales presentarían determinadas similitudes con los criminales seriales, fallando en la concreción numérica. Eso sí, en ningún caso considero que todos aquellos individuos que hayan cometido un único crimen, y que al ir a cometer nuevos delitos estos lograron ser realizados como consecuencia de la aparición de las Fuerzas y Cuerpos de Seguridad, pudieran estar encuadrados dentro de tal definición, ya que la misma hace una referencia específica a la acción de matar, obviando las posibles operaciones que terminaron por ser consideradas como meras tentativas.

Por ello, considero fundamental la aplicación de una horquilla numérica, como consecuencia de las diferencias existentes entre los sujetos que hayan podido cometer tres o cuatro crímenes y aquellos que hayan ejecutado a decenas de personas.

En este sentido, partiendo de la premisa establecida para hacer referencia a un mínimo de tres fallecidos, el criterio máximo podría estar fijado en diez asesinatos, siendo el resto de individuos catalogados en un nuevo término, el cual haría referencia a los "asesinos en serie compulsivos", quienes serán aquellos que presentarán una significativa dependencia al crimen, compartiendo todos los razonamientos expuestos para los seriales, salvo el numérico.

De otro lado, en lo que respecta al requisito temporal, al igual que sucedía con el requerimiento cuantitativo, diferentes investigadores aportan distintas visiones para definir al mismo individuo, hecho que podría confundir a la colectividad, ya que no se delimita un patrón específico. Por ello, considero necesario establecer un transcurso ilimitado de tiempo entre crimen y crimen, ya que, debido a su arrebato, estos asesinos actuarán con independencia del período de enfriamiento acontecido, pudiendo variar entre una acción y otra.

. . .

Un elemento problemático que subyace en este punto radica en los denominados asesinos itinerantes, los cuales deberían ser diferenciados de los criminales en serie, ya que presentan particularidades específicas que los hacen autónomos.

Así, estos sujetos ejecutan a sus víctimas sin la necesidad de que transcurra un período determinado de enfriamiento, ya que cometen una oleada de acciones en un breve lapso temporal. En lo que respecta al número mínimo de fallecidos necesarios para ser catalogado como tal, a diferencia de lo que ocurre con los asesinos en serie, dicho precepto no debería ser considerado como imprescindible, centrando los esfuerzos en vislumbrar una reiteración de acciones de forma expeditiva, siendo necesario que se produzcan en varios acontecimientos diferentes.

Junto a ello, además, los asesinos en serie itinerantes muestran una gran peligrosidad, ya que esa necesidad que manifiestan a la hora de cometer más crímenes de forma continuada los convierten en sujetos imprevisibles, siendo extremadamente difícil su pronta detención.

. . .

Por otro lado, los escasos estudios encontrados que versan sobre los sujetos imitadores, o *copycat*, demuestran la dificultad existente a la hora de poder hacer referencia a estos criminales. No obstante, se establece que estos asesinos podrían ser definidos como aquellos individuos que escenifican diferentes acciones delincuenciales de forma similar a las llevadas a cabo por un determinado asesino en serie, por el cual sienten una admiración desmesurada.

En este sentido, es posible que un imitador intente perfeccionar las actividades ejecutadas por el criminal original, llevando a cabo un número de acciones más elevado y con mayor violencia. Así, los *copycat* actúan bajo un contexto delictivo creado por la mente de otro criminal, realizando una imitación cuasi idéntica del mismo, sin percatarse de que sus propósitos ya habrían sido estudiados por las autoridades durante la ejecución de los asesinatos cometidos por el sujeto imitado, pudiendo ser la comisión de dichas acciones una puerta abierta hacia su pronta detención.

De igual manera, la fantasía debe ser considerada como un elemento indispensable en el quehacer de los asesinos en serie. Dicho pensamiento delictivo suele estar relacionado con una necesidad imperiosa de satisfacer su propio instinto sexual, el cual quedaría subordinado a la ejecución de una acción extremadamente agresiva. En este sentido, cabe matizar que se deberá tener en cuenta la tipología concreta en la que se encuadrarían a los diferentes criminales, ya que los asesinos en serie desorganizados podrían evadirse de dicha fantasía, no siendo necesaria su realización en el interior de los mismos, ya que algunos presentan diferentes alucinaciones que les obligan a cometer una sucesión de crímenes, centrando la conducta delictiva en un problema mental.

En lo que respecta a su origen, existe una gran contradicción entre los investigadores, ya que unos hablan sobre un episodio biológico; mientras otros se centran en instaurar un predominio de los diferentes factores ambientales que pueden incidir sobre el sujeto durante la infancia. En este sentido, ambos ideales estarían interconectados, ya que se podrían llevar a cabo una sucesión de acciones violentas como consecuencia de la producción de dichos componentes. No obstante, a pesar de la posible participación de sendas peculiaridades, el desarrollo del menor en un ambiente claramente criminal, imperará con mayor incidencia en el sujeto adulto.

. . .

Sea como fuere, las fantasías son adquiridas por diversos acontecimientos que anulan el juicio racional del sujeto, creándole una necesidad delictiva que podría reactivarse con la reiteración de una diversidad de acciones que vulnerarán su estado crítico, comenzando su proceso criminal con el paso de un determinado período de tiempo.

Así, una vez realizada su primera acción, el sujeto actuará movido por la necesidad de satisfacer las fantasías que nutren sus pensamientos, lo que le lleva a seguir cometiendo una mayor cantidad de acciones, dato que le diferenciará del resto de criminales, desarrollando un sentimiento de adicción hacia la muerte, a través del cual puede llegar a sentirse forzado a seguir cometiendo actos de dicha naturaleza para paliar su ansiedad delictiva, por lo que serían personas a las cuales se les podría considerar como "adictos al asesinato", ya que comienzan a percibirlo como si fuera una droga.

Este hecho ha llevado a distintos investigadores a realizar estudios relacionados con las diferentes fases que interioriza un asesino en serie entre la comisión de un crimen y otro. En este sentido, la tesis más respaldada ha sido la de Norris, quien establece que dichos criminales atraviesan por siete períodos desiguales, los cuales darán como resultado una nueva acción homicida. Una vez detalladas cada una de las etapas expuestas, cabe mencionar que existen estadíos en los que el autor no concibe la posibilidad de que dichas peculiaridades puedan presentarse en las diversas tipologías, centrando sus esfuerzos en hacer referencia al camino interno que siguen los individuos organizados. Así, la fase relacionada con la búsqueda de una posible víctima o la establecida para el desarrollo de una cierta atracción que sirva de anzuelo para conseguir persuadirla, deberían especificar que están referidas únicamente a los asesinos en serie organizados, ya que los desorganizados suelen actuar de forma impulsiva, sin necesidad de salir a buscar a una presa específica, ya que fundamentan sus acciones en un contexto meramente casual.

Por otro lado, la seducción tampoco se correspondería con estos individuos, ya que no utilizan este método para poder acceder a la futura persona damnificada, pudiendo abordarlas sin necesidad de haber existido un acercamiento previo.

. . .

Es por ello que considero fundamental la implantación de un nuevo recorrido intrínseco, el cual deberá ser traspasado por el sujeto para poder dar comienzo a un nuevo acontecimiento delictivo. Así, la gran mayoría de criminales seriales inician su proceso a través de una fantasía que los domina, suceso que genera un sentimiento de descontrol ante la próxima realidad punible, lo que desencadenará la ejecución de la víctima. Una vez realizado este acto, los asesinos en serie, con independencia de la tipología en la que queden encuadrados, suelen presentar rasgos fetichistas. No obstante, esta tendencia a conquistar determinados objetos que le sirvan para rememorar las hazañas realizadas, puede no suceder en todos los crímenes, ya que también podrían adquirir artilugios con la finalidad de conseguir un beneficio económico, así como canjearlos por otros productos que estén relacionados con una tendencia adictiva del individuo, como el alcohol o las drogas.

Tras la realización de los procesos descritos, el criminal exteriorizará una aparente normalidad respecto al hecho cometido, la cual será propicia para hacer ver al resto de la sociedad que no ha tenido nada que ver con dicho acontecimiento. Una vez cometido los crímenes, y viendo que tras la realización de los mismos no ha sido detenido por las autoridades, el sujeto volverá a dar comienzo al circuito delictivo, provocando nuevos asesinatos, detrás de los cuales se encuentra siempre la satisfacción plena de la fantasía, la cual irá perfeccionando con cada una de las acciones que cometa para asemejarla a su representación mental.

dicho acontecimiento. Una vez cometido los crímenes, y viendo que tras la realización de los mismos no ha sido detenido por las autoridades, el sujeto volverá a dar comienzo al circuito delictivo, provocando nuevos asesinatos, detrás de los cuales se encuentra siempre la satisfacción plena de la fantasía, la cual irá perfeccionando con cada una de las acciones que cometa para asemejarla a su representación mental.

www.ingramcontent.com/pod-product-compliance
Lightning Source LLC
LaVergne TN
LVHW021717060526
838200LV00050B/2719